JE SERAI... ELLE

SYLVIANE DULLAK

JE SERAI... ELLE

FRANCE LOISIRS
123, boulevard de Grenelle, Paris

Édition du Club France Loisirs, Paris
avec l'autorisation des Presses de la Cité

ISBN 2-7242-2101-X

à ma mère
à mes quatre enfants
à Odile
à tous ceux qui m'ont
tendu
la main

A chacun de nous,
Dieu offre le choix entre
la vérité et la tranquillité.
Ce choix, faites-le ;
jamais vous n'obtiendrez
à la fois, l'un et l'autre.

Ralph W. EMERSON.

J'ai choisi : LA VERITE

S.D.

DE TIRESIAS A SYLVIANE

Au commencement, j'étais un garçon, puis un homme, sans aucune apparence trompeuse.

Mais, un jour, ce concept fidèle aux règles d'un processus ancestral se ternit, s'ébranla, se fissura... Brusquement, il s'effondra aux yeux d'un monde qui croyait constater ses ruines, alors qu'il s'était produit une métamorphose :

JE DEVINS UNE FEMME.

La stupéfaction fut telle, qu'elle engendra l'incrédulité. Je fus jugée dépravée ou perverse. Pourtant, les jours et les mois passèrent, et ces affirmations ne purent se justifier. J'étais de plus en plus féminine et mon visage exprimait une réelle joie de vivre.

Les premières impressions de la société s'estompèrent peu à peu pour faire place au doute, à l'observation et à la réflexion. Alors, la vérité changea de camp. Les calomnies de mes détracteurs, comme un boomerang, revinrent à eux, provoquant d'irréparables lézardes à leur piédestal.

Imprégnée de la réalité de ma nouvelle identité, mon évolution s'effectua par paliers successifs qui s'avérèrent de plus en plus sécurisants, me confirmant ainsi que j'étais sur le chemin de la vérité.

Je ressentis le même espoir qu'éprouvaient les marins de l'Antiquité, perdus en mer dans les brumes persistantes, lorsqu'ils lançaient leur sonde à intervalles réguliers. Si la profondeur des fonds marins diminuait, cela indiquait que la terre ferme, synonyme de vie sauve, approchait.

Vous viendrait-il à l'idée de vous moquer de quelqu'un qui tente de sauver sa vie ? Et si vous étiez en train de sauver la vôtre, de renaître à la vie, écouteriez-vous les sarcasmes de ceux qui refusent de le comprendre et de l'admettre ?

Or, c'était ma vie que je sauvais.

Peu à peu, une atmosphère de respect, d'admiration même, m'enveloppa. Le bon sens et la logique triomphèrent. Ce fut la consécration de mon identité de femme. Avoir vécu une existence d'homme puis parvenir à vivre celle de femme me permettait d'acquérir une richesse infinie : je connaissais, à la fois, ceux qui sont ce que j'étais et celles qui sont ce que je suis.

La mythologie grecque rapporte l'histoire de Tirésias qui est la démonstration que ma métamorphose n'est pas une simple réaction d'inadaptation. Si le changement de sexe préoccupait déjà les Sages de l'Antiquité, ce n'était pas dans l'intention d'expliquer un phénomène local et limité, mais bien pour tenter de faire comprendre, au moyen d'une légende populaire, quelque loi de la nature.

Tirésias, en voulant interrompre une scène d'amour entre deux serpents, blessa ou tua le serpent femelle. Quoi qu'il en soit, puisqu'il s'opposait ainsi violemment à la perpétuation de la vie, il devint lui-même une femme, comme si le sort voulait ainsi lui faire comprendre la destinée féminine. Or Zeus se querella un jour, avec sa femme Héra, sur un sujet aussi classique que secret : qui de l'homme ou de la femme éprouve le plus grand plaisir dans l'acte d'amour ? Tirésias fut appelé pour départager les époux. Il répondit que si la jouissance d'amour se composait de dix sensations merveilleuses, neuf d'entre elles appartenaient à la femme alors qu'une seule revenait à l'homme. Héra se mit fort en colère en constatant que Tirésias dévoilait, ainsi, le grand secret du sexe féminin. Elle le frappa de cécité, mais Zeus le dédommagea en lui accordant le don de prophétie.

Tirésias sut tirer bénéfice de l'expérience de ses deux vies, et il accéda à une profonde sagesse.

Pourtant, les différences qui opposent les sexes rendent totalement impossible le passage de l'un vers l'autre. Si, dans mon cas, ce « passage » s'est produit, c'est qu'il y a eu méprise au départ en ce qui concerne la détermination de ma nature sexuelle.

Il m'a fallu passer par des dizaines d'années de tracas et de malaises profonds pour prendre conscience de ma féminité cérébrale sans toutefois, au début, en comprendre l'origine. Ensuite, j'ai éprouvé le besoin impératif de détruire en moi l'homme que je n'ai jamais pu être et dont je n'ai jamais pu assumer le rôle. Ma qualité de médecin m'a d'abord permis de mettre au point mon propre traitement hormonal. Puis la chirurgie me modela des organes sexuels féminins.

Une transformation aussi prodigieuse doit être lente et progressive. Une fillette met dix ans pour devenir une femme. Une action intense et prolongée de ses hormones est indispensable à l'édification de sa féminité définitive. Il paraît donc illusoire de supposer que la manipulation habile d'un bistouri puisse faire figure de baguette magique. Le chirurgien n'a aucun pouvoir de féminisation. Il n'est que le destructeur d'une masculinité physique et le modeleur d'une structure d'apparence féminine. Seules les hormones femelles construiront lentement, très lentement, ma féminité corporelle. Il est évident qu'il me faudra bien plus d'années encore que la jeune fille pour construire, avec de vieux éléments, ma personnalité nouvelle.

Comme la sève apporte au printemps, à chaque plante, une source de résurrection, les hormones de la femme se mêlèrent à mon sang et chaque cellule de mon corps fut imprégnée de vie nouvelle. L'épanouissement des traits de mon visage démontrait qu'il correspondait à ma vraie nature. L'équilibre alors ressenti engendrait, en moi, le vrai bonheur.

Et je crois pouvoir affirmer que ma métamorphose n'est pas encore totalement terminée...

PREMIÈRE PARTIE

CHAPITRE I

LA CONTRAINTE PAR CORPS

Qui est ce gros bébé né un dimanche de novembre au moment où la cloche de l'église du village sonne à toute volée pour appeler les fidèles au culte dominical ? Le pasteur n'est autre que mon père qui ne se doute pas qu'à cet instant même j'arrive au monde et que mes cris accompagnent le son de sa cloche. Il en fut aussitôt informé.

— Mes chers paroissiens, déclara-t-il alors du haut de la chaire, j'ai la grande joie de vous annoncer qu'un troisième enfant m'est donné et que c'est un garçon.

La sage-femme, qui sera ma marraine, fit ce diagnostic erroné mais conforme au règlement. Mes cris auraient pu lui laisser supposer que je n'étais pas satisfait de cette affirmation, sans autre preuve que le diverticule qui aspergeait copieusement le haut de sa blouse rose.

Garçon j'étais, c'est pourquoi ma mère me mit une culotte le jour où je lui annonçai que je ne voulais plus mettre de couches. A mon sens, ma décision devait signifier que je voulais bien devenir grand, et non pas remplacer ma couche par une culotte. Mon prénom avait été choisi en fonction de cette culotte qui, maintenant, m'étiquetait « garçon », malgré une douceur anormale que traduisaient mon langage et mon comportement.

Dès mes premiers contacts extrafamiliaux, un fossé se creusa entre ma vraie nature et ce que l'on attendait de moi. Ma famille, sous l'influence des lois de l'habitude, perdit rapidement toute objectivité dans ses jugements. Pourtant, ma mère devait, inconsciemment, percevoir une vague incertitude. L'instinct maternel est parfois plus précis et plus juste que la plus subtile des logiques scientifiques. Elle m'annonça un jour sur un ton quelque peu menaçant : « Si tu n'es pas sage, je te mettrai une robe pour aller à l'école. » Qu'avais-je osé faire ou dire de si répréhensible pour mériter un tel avilissement ? Pourtant, cette réflexion résonnait plus juste dans ma tête que ce que j'avais perçu le jour où j'avais dû mettre une culotte. Si ma mère voulait me mettre une robe, pourquoi m'avait-elle mis une culotte ?

Dès l'école maternelle, je pris mon rôle de garçon très au sérieux. Que fallait-il faire pour se comporter comme un vrai garçon ? Je n'avais aucun instinct combatif ni aucun désir de violence, qui concrétisent la domination virile. La gymnastique fut toujours, pour moi, un réel cauchemar. Mes fesses, un peu trop grosses, entraînaient le plus souvent des réflexions désobligeantes dont l'une revenait régulièrement :

— Te fatigue pas, de toute façon, tu ne sauteras jamais plus haut que ton cul !

Sans parler des « Tu cours comme une fille », conduite qui devait sauter aux yeux de ceux qui me voyaient accélérer le pas. Toute ma scolarité fut freinée par un dualisme traduisant une nette différence entre ce que j'étais naturellement et ce que les autres estimaient que je devais être normalement. Toujours entouré de garçons de mon âge et souvent plus jeunes, je me lassais rapidement de tout effort de concentration intellectuelle. Alors je m'enfuyais dans mes rêveries dans lesquelles, seulement, je me retrouvais.

— Sylvain, tu es toujours dans la lune ! me répétaient souvent tant mon père que mon instituteur.

Mais j'éprouvais le besoin de me laisser aller dans un monde qui m'apparaissait merveilleux, dans lequel je me sentais libre de vivre une existence sans contrainte. Je m'épanouissais dans la nature comme les fleurs, les arbres, les animaux, mais avec mes semblables, je tentais toujours de sauvegarder les apparences.

Je ne voyais pas la nécessité de devenir « un homme

comme papa », ainsi que le proclamaient généralement les autres garçons, pas plus qu'une femme comme maman puisque je n'étais pas une fille.

Et c'était seulement pendant les vacances d'été, chez mes grands-parents, en Suisse, que je parvenais à trouver un certain bonheur, car, réveillé avec le jour, je partais dans les champs, ou dans la montagne, ou encore et surtout au bord du lac de Neuchâtel. Cette vaste étendue d'eau tranquille m'imprégnait de calme et de sérénité. Cette nature me procurait un équilibre dans lequel je trouvais la joie de vivre. Malheureusement, à huit heures du matin ma famille s'éveillait et ma vie s'éteignait.

Ce furent, cependant, ces joies profondes que j'éprouvais en vivant dans la ferme de mes grands-parents qui insensiblement me conduisirent vers le désir de me consacrer à l'agriculture ou, plus précisément, à l'élevage. Cette décision créa une atmosphère de soulagement dans toute ma famille. J'approchais de mes dix-huit ans et n'étais véritablement pas doué pour un avenir universitaire. Alors, après les vacances de Pâques, mes parents entreprirent ensemble le voyage qui devait les conduire à Tomblaine où je fus inscrit à l'école d'agriculture. J'en sortirais ouvrier agricole ou ingénieur agronome selon mes réelles capacités, encore inconnues de tous.

Trois mois plus tard, ce programme rassurant et si bien organisé s'écroula : j'étais reçu au brevet élémentaire, ce qui me permettait, éventuellement, d'entrer en seconde au lycée. Après avoir échoué à deux reprises, le succès de ce troisième essai démontrait que je n'étais pas atteint d'arriération mentale, ce que mes maîtres avaient réussi à croire et faire croire. Du coup, l'agriculture et l'élevage pouvaient attendre. Pourquoi n'irais-je pas jusqu'au baccalauréat dont la porte venait de s'ouvrir ?

Mais, âgé de dix-huit ans, je ne pouvais entrer au lycée avec des garçons de quinze ans. L'école libre m'offrait, seule, la possibilité de poursuivre mes études. J'entrai donc en octobre au cours Bernard-Palissy à Paris. Le nom de ce potier, peintre, écrivain et savant du XVIe siècle, m'inspira-t-il ? Toujours est-il que mes premiers mois d'école commencèrent comme un feu d'artifice. J'eus d'excellentes notes et je parvins à faire mes devoirs avec une semaine d'avance. Cette facilité inattendue dans la réalisation de mes études secondaires aurait dû marquer le coup d'envoi d'une scolarité aussi brillante qu'inattendue.

Mais un malaise survint. La réussite m'apparaissait illogique et, en quelque sorte, interdite. Non pas à cause d'une quelconque influence, mais parce qu'une réussite aurait représenté pour moi une progression dans le sens de la construction de ma personnalité illustrant l'identité qu'un adolescent acquiert au cours des deux années qui précèdent ses vingt ans. Mais je ne savais pas pourquoi je devais réussir ; pour devenir qui et pour faire quoi ? L'échec avait au moins l'avantage de me laisser stagner dans un état que je connaissais bien et qui était loin de me déplaire. Une idée de génie me traversa alors l'esprit. Puisque cette année scolaire se révélait être « trop facile », j'allai demander un surclassement pour passer en première dès le mois de janvier. Le directeur se laissa fléchir par mes arguments lui démontrant que sauter une classe me faisait réduire d'un an mon retard scolaire.

En juin, je « réussis » mon premier échec au baccalauréat. En octobre, je ne figurai pas non plus au palmarès des élus de cette session. Une nouvelle année de classe de première se solda par un fiasco digne de ma virilité : je n'obtins même pas les points qui m'autorisaient à me représenter en automne. Avec courage, je m'élançai dans l'accomplissement d'une troisième année qui s'acheva par deux nouveaux revers. Ce fut la consécration de mon incompétence à franchir un obstacle indispensable pour obtenir une notoriété dans la vie. D'ailleurs, à quoi sert la notoriété, pour quelqu'un qui ignore qui il est ? Un délinquant, un interdit de séjour, une personne sous contrôle judiciaire ont-ils une notoriété ? Le droit de vote leur est même retiré.

Je ne savais pas qui j'étais. La société avait décidé de faire de moi un homme, mais je m'en sentais incapable et refusais constamment d'apprendre à le devenir. Je n'avais aucune raison d'être plus tenu à l'impossible que les autres ! D'où ma constante régression affective, avec la recherche, dès le moindre obstacle, d'un refuge dans un monde qui, s'apparentant à celui du rêve, s'avérait être plus réellement le mien. Dès qu'un effort intellectuel m'était demandé, je préférais partir dans mon univers de chimères.

J'ignorais totalement l'existence d'une science de l'âme telle que l'enseignent les psychanalystes. Pour eux, le « ça » représente nos tendances élémentaires, une sorte d'instinct primitif non modifié par la censure sociale ou familiale. Or, pour entrer dans « mon univers », je me disais : « Je vais penser à ça. » Celui des psychanalystes correspondait bien au mien.

Mon ÇA, en lettres majuscules, concrétisait mon existence heureuse, mais interdite. Interdite parce qu'il ne faut pas être dans la lune au lieu d'écouter le cours du professeur, et interdite aussi parce que, dans mes rêveries, je m'identifiais à un personnage féminin. Oh ! je n'étais pas une princesse, ni même une femme telle qu'on peut la rencontrer tous les jours. Non, j'étais une femme interdite, au même titre que le protestantisme, au temps des guerres de Religion. Aussi étais-je passionné par les récits de l'Inquisition espagnole. Les supplices que les tribunaux séculiers faisaient subir aux femmes supposées hérétiques m'attiraient particulièrement. La société qui m'entourait n'avait-elle pas envers moi une attitude inquisitoriale ? Elle m'obligeait à renoncer à ce qui correspondait, pour moi, à une véritable religion : *ma nature féminine fondamentale,* que je n'avais pas obtenue par conversion et encore moins par « contamination ». Pour cette société, ma féminité était, en tout point, semblable à une sorcellerie ou une magie. Je devais donc apostasier ou souffrir. Mais je n'avais pas le choix, il ne me restait plus qu'à endurer mon châtiment. Pourtant, mes rêveries m'apportaient un réel soulagement, semblable à celui perçu en expiant une faute grave, mais aussi parce que j'avais pu être moi-même quelques instants.

Ainsi se forgeaient en moi les notions indissociables de bien-être et de souffrance qui n'avaient rien de commun avec la doctrine de Sacher-Masoch qui consiste à rechercher le plaisir sexuel dans la souffrance physique. Je ne recherchais qu'un bien-être naturel qui m'était interdit et mon châtiment semblait consister à endurer ma condition d'homme. Il n'y avait rien de sexuel dans mes rêveries.

Je me soumettais facilement et me sentais incapable de combattre. Cette disposition à l'obéissance presque inconditionnelle est, à l'origine, plutôt un caractère féminin, alors que le mâle se définit plutôt par son instinct combatif.

L'hiver de 1943 avait été particulièrement rigoureux. A cette époque, les filles ne portaient jamais de pantalon, mais cet hiver-là, pour se protéger du froid, quelques-unes d'entre elles en revêtirent un par-dessous leur jupe ou leur robe. Cette vision d'une association du féminin et du masculin provoqua en moi un véritable choc émotionnel. Inconsciemment, je pris conscience que l'on pouvait être une fille même en portant un pantalon. Si cette image insignifiante s'est profondément gravée dans ma mémoire, c'est bien qu'elle représentait une sorte de solution à un problème fondamental que je me posais.

Vis-à-vis des filles que je rencontrais je dus, sans m'en rendre compte, avoir une attitude bizarre et un comportement difficile à comprendre, si j'en crois leurs réflexions. Guidées par mes apparences, elles pensaient avoir affaire à un garçon normal. Mais mon besoin d'identification à leur nature était tel que je recherchais un contact fréquent dans l'espoir de voir nos esprits se confondre. Suzanne était une fille d'allure très sérieuse, quelque peu autoritaire, et je sentis qu'elle personnifiait ce que j'étais puisqu'elle avait ce qui me manquait : le caractère dominant que je n'avais pas et une féminité qui aurait dû être la mienne. En sa présence, j'étais un peu elle, alors que dans son idée, j'étais garçon, donc opposé ou complémentaire à sa nature féminine. Cette situation lui apparut plus que troublante et l'amena à penser que je ne devais pas être tout à fait normal. Elle me surnomma « l'ano » diminutif d'anormal devant ses camarades qui se moquèrent de moi. Je fus contraint de rompre brutalement nos relations.

Echecs aux examens scolaires, échecs dans mes relations avec les filles, échec à moi-même, j'étais « échec et mat » à la fin de la première partie du jeu bizarre de mon existence. J'allais avoir vingt et un ans. La seconde manche commençait. Plus question d'études, il me fallait penser à l'apprentissage d'un métier.

Le stage de Montesson permettait d'obtenir le diplôme d'éducateur spécialisé pour l'enfance délinquante. Il comprenait six mois de cours puis six autres mois de pratique. L'enfance inadaptée, perturbée, socialement anarchique et incomprise, au fond, c'était moi ! Je n'avais pas commis de délit ayant entraîné une condamnation par la société, mais celui, tout aussi grave pour moi, d'être contraint de vivre une vie qui ne paraissait pas être faite pour moi et à laquelle je ne parvenais pas à m'adapter. En devenant l'éducateur de ces enfants, de ces « adolescents aux yeux ternis » si bien décrits par Gilbert Cesbron, peut-être pourrais-je devenir mon propre éducateur et percer le mystère de mon incompréhensible inadaptation.

Pendant six mois je suivis les cours de psychopathologie infantile, de psychologie et de psychométrie remarquablement mis à la portée des stagiaires par le professeur Heuyer et ses collaborateurs. Je fus littéralement subjugué par cet enseignement. Je compris que la pensée enfantine représentait un univers dans lequel figuraient des mots, des comportements, des attitudes qui n'étaient pas condamnables, mais qui permettaient de se connaître en se replongeant dans son passé.

Après Montesson, j'obtins une place d'éducateur pour une période d'un mois dans un centre comprenant trente enfants étiquetés « inadaptés ». Je dus me rendre à l'évidence, le métier d'éducateur n'était pas fait pour moi. Le directeur de l'établissement me reprocha de ne pas faire corps avec l'équipe dirigeante. Comment le pouvais-je ? Je m'étais à un tel point assimilé aux enfants dont j'avais la charge que je justifiais toujours leur comportement. Eux aussi se sentaient si proches de moi que jamais ils n'auraient fait quoi que ce soit qui pût me porter un préjudice quelconque. Je me sentais plus près d'eux que des adultes et leur attachement était merveilleux.

J'avais découvert qu'il existait, dans le monde, des êtres non intégrés dans la société, coupables de n'avoir pas répondu à ce qu'on attendait d'eux, mais dotés d'un dévouement et d'un dynamisme extraordinaires qu'ils ne cherchaient à manifester que dans la mesure où l'on donnait un sens à leur vie. Peut-être que si la mienne en avait un, je verrais s'éveiller des tendances tout aussi valables ?

Pour donner un sens à ma vie, il me fallait savoir qui j'étais, construire mon identité encore inexistante. N'y avait-il pas quelque part une école qui puisse me l'apprendre, comme on apprend à des architectes à construire des maisons ? Ma première école devait être celle de la psychologie de l'enfant.

Ce fut à Amsterdam, au premier congrès international de psychologie d'après-guerre, qu'un professeur américain me donna l'adresse de l'Institut de psychologie de Genève. La ville où Calvin prêcha la Réforme, où Jean-Jacques Rousseau remodela l'éducation et la société allait-elle être le creuset où se formerait ma nouvelle personnalité ?

J'y retrouvai un lac et l'eau calme devant laquelle mes soucis d'enfant s'étaient naguère apaisés. A proximité, la montagne avec ses forêts de sapins me rappela l'enchantement de mes promenades solitaires. Ainsi, en un lieu, s'unissaient mon passé et mon avenir, union qui me semblait indispensable à mon équilibre psychique et qui m'autorisait à faire un premier pas dans le sens de ma vie, en me faisant revivre mes premières sensations pour les adapter à une situation nouvelle.

L'institut occupait le premier étage du palais Wilson qui abritait le Bureau international du travail. Depuis peu, il était rattaché à l'université de Genève. En trois années d'études, il permettait d'obtenir la licence en psychologie. Mais pour y parvenir, il fallait être en possession du baccalauréat, alors que les deux premières années ne l'imposaient pas.

Le professeur Jean Piaget en assurait la direction. Longs cheveux blancs fuyant vers l'arrière, regard malicieux derrière d'épaisses lunettes, pipe devenue légendaire, sa personnalité était d'emblée très attachante. Il venait à l'institut sur un vieux vélo noir à guidon relevé qui devait être, pour lui, un symbole peut-être en rapport avec « la naissance de l'intelligence * ». Ses cours sur l'affectivité me passionnèrent. L'un d'eux traitait de « l'agréable et du désagréable ». Je l'entends encore prononcer ces termes : « On n'aime pas forcément ce qui est agréable et on ne déteste pas forcément, non plus, ce qui est désagréable ;

* Jean Piaget : *La naissance de l'intelligence chez l'enfant*, Ed. Delachaux et Niestlé, 1936.

certaines personnes aiment ce qui est désagréable et même vont jusqu'à épouser des êtres désagréables. » Pourquoi cette phrase et la consonance harmonieuse de sa voix sont-elles encore gravées avec tant de précision et de clarté dans ma mémoire ?

Je ne le comprendrai que trente années plus tard.

Un autre trait de son caractère m'a également marqué à jamais. Il avait été chargé de cours à la Sorbonne à Paris et s'y rendait une à deux fois par semaine en chemin de fer, alors que l'avion représentait le moyen de transport idéal. Pour justifier ce choix, plus long et plus fatigant, il arguait, avec son bon sens et sa simplicité habituels, que seul le train lui permettait de « penser ».

Nous avons la faculté de penser à condition que rien ne vienne troubler notre esprit. Former, concevoir une pensée s'oppose à la vitesse qu'implique le réflexe, alors que la réflexion nécessite la lenteur des processus qui nous entourent, car il faudra sortir de nos pensées pour réagir à l'agression de l'un d'eux. Jean Piaget avait davantage la possibilité de penser en conduisant une bicyclette qu'une automobile, en chemin de fer qu'en avion. Le « temps de penser » a été le fer de lance du fondateur de l'épistémologie génétique.

Une amicale des élèves de l'institut réunissait, périodiquement, professeurs et élèves autour d'une fondue genevoise ou pour célébrer l'Escalade, fête nationale du canton commémorant l'échec de l'invasion savoyarde au XVIe siècle.

L'année scolaire touchait à sa fin. Elle fut pour moi une réussite sans précédent, j'avais obtenu des notes excellentes et mon enthousiasme était à son comble. Ma seconde année débuterait en octobre, il me fallait utiliser au mieux cette période de trois mois de vacances. Mon engouement inespéré et insoupçonné pour les études ne pouvait souffrir une interruption. A Dijon, le lycée Carnot organisait des cours de vacances pour les malchanceux du baccalauréat. En m'y rendant cette année et en récidivant dans les mêmes conditions l'année suivante, je tenais ma dernière chance de réussir l'examen qui m'ouvrirait les portes de la licence en psychologie. Maintenant, je savais pourquoi je devais gagner la partie. Et c'est ce qui arriva.

Si mes succès scolaires et universitaires étaient devenus indispensables à l'organisation de mon existence, les gloires du service militaire symbolisaient l'inutile, l'erreur de parcours, ou même la déportation, véritable coercition dans une vie déjà dominée par une perpétuelle contrainte. Cette institution, reconnue d'utilité publique par une loi autre que celle de 1901, imposait à tout homme les obligations du devoir national. A cette époque, dans l'esprit des gens, l'apprentissage du maniement des armes associé au parcours du combattant déterminait un type de virilité indispensable à l'accession au « grade » d'homme. L'action et l'instinct combatif le caractérisant s'opposaient à la passivité et à l'instinct maternel de la femme.

Comme toute personne bénéficiant des attributs du sexe dit masculin, j'avais été convoqué, quelques années auparavant, devant une assemblée de notables, plus communément appelée conseil de révision. Il ne s'agissait pas d'élire le plus bel Apollon, mais, principalement, d'éliminer les déficients physiques incapables de servir la nation. Cette sélection avait lieu au mois de février, dans la salle des fêtes de la ville. Compte tenu de l'uniformité des occupants, de constitution robuste et vigoureuse, et probablement dans le but d'éviter toute manifestation chaleureuse, la température de la salle avait été maintenue à zéro degré par une absence totale de chauffage. L'officier responsable, craignant l'effet du gel sur le dynamisme futur de ses troupes, nous avait priés de bien vouloir conserver notre slip. D'un geste à peine pudique, il constata que je possédais les armes de la virilité et que, en conséquence, j'étais apte à manier le fusil.

Deux ans plus tard, alors que plusieurs jeunes gens de ma classe s'embarquaient pour la guerre d'Indochine, je sollicitai un sursis pour poursuivre mes études. Mon incorporation dans les unités de l'armée aurait lieu au cours du second semestre de mon vingt-cinquième anniversaire. Mon sursis était encore valable un an, mais, comme je me trouvais à Dijon, lieu de mon centre de recrutement, je le résiliai non sans crainte et demandai alors une dispense en vertu d'une loi militaire d'après-guerre qui établissait que le premier appelé d'une famille de sept enfants pouvait en bénéficier comme soutien de famille.

Mes parents avaient eu l'heureuse initiative de concevoir sept enfants. Mon frère aîné, appartenant à une classe de la fin de la guerre, n'avait pas été recruté. Dès lors, je bénéficiai de la loi qui fut abrogée dans les six mois qui suivirent.

Pendant mes deux années passées à Genève, mes succès scolaires et universitaires se succédèrent sans bavures. Ma sexualité, probablement inspirée par les réflexions de Jean-Jacques Rousseau, s'assimilait aux « rêveries d'un promeneur solitaire ». Une ou deux étudiantes avaient bien tenté de se rapprocher de moi, mais elles abandonnèrent rapidement devant mon absence totale d'initiative en dehors des manifestations d'une amitié classique. Pratiquement, le seul accouplement qui me procura quelque plaisir consistait à enfourcher ma moto pour découvrir la nature environnante. Après avoir copié le garçon, j'imitai l'homme dans un domaine exempt de toute sexualité.

Mon comportement, quelque peu différent de celui de mes semblables, avait étonné, pour ne pas dire inquiété Christiane, une de mes amies qui étudiait conjointement la psychologie et le chant. Lors d'une de nos premières rencontres, elle m'avait annoncé, presque triomphalement : « Avec toi, je n'ai plus peur de la vie, j'irais jusqu'au bout du monde. » Etait-ce moi qui la sécurisais à ce point — ce dont je me sentais incapable — ou Christiane était-elle égocentrique, au point de se donner l'illusion d'avoir « l'homme idéal » à ses côtés ? Cette affirmation m'effraya plutôt, car j'aurais préféré en être l'auteur et non l'objet. J'amorçai un mouvement de recul dans le temps et dans l'espace qui ne tarda pas à faire comprendre à Christiane que je me complaisais au stade d'inexpérimentation de l'acte sexuel. Ma cantatrice s'imagina du coup qu'elle avait une mission impérieuse à accomplir. Son plan devait être au point le jour où elle me déclara : « Je vais faire quelque chose avec toi qui me sera peut-être utile, mais qui t'est indispensable. » Elle pouvait, certes, faire beaucoup de choses avec moi, mais je ne voyais pas celle qui était censée m'être si nécessaire à vingt-quatre ans. Quelques jours plus tard, nous passâmes une nuit ensemble que Christiane mit à profit pour accomplir sa mission, destinée à combler ma lacune. Je réalisai, *a posteriori*, qu'elle fut la seule à être comblée.

Les hommes, en général, après cette première expérience, loin de supposer qu'ils ont perdu quelque chose, se considèrent en véritables hercules triomphateurs. Je n'eus pas cette impression. Une sorte de répulsion plus que l'indifférence aurait pu traduire ma réaction ultérieure. Il ne s'agissait pas d'un dégoût ou d'un rejet de la femme ou de son sexe, mais la puissance virile que Christiane m'attribuait dans cette mise en scène me semblait totalement déplacée. Par la suite, je préférai déserter, fuir son contact et notre amitié du départ s'éteignit comme une bougie dont la cire est entièrement consumée.

Le rapport sexuel que je venais d'expérimenter ne revêtait pas, pour moi, l'importance et encore moins l'idée d'une nécessité que la plupart des hommes lui concède. Il me semblait, sans en avoir réellement conscience, que je me différenciais du genre masculin, sans présumer, pour autant, que le genre féminin me conviendrait mieux. Cette notion de genre définissait plus spécifiquement ma nature que mon sexe, terme à usages multiples dont le sens commun se confond généralement avec une morphologie.

Mylène, une autre étudiante, fille d'un riche industriel, présentait quelques sérieuses difficultés pour assimiler les cours de statistique enseignés à l'Institut. Je ne « digérais » sans doute pas davantage le calcul des probabilités et l'analyse factorielle, mais pensais que pour comprendre et assimiler cette branche des mathématiques, le mieux serait de l'expliquer à quelqu'un d'autre. Avec une gentillesse sans équivoque et une patience à toutes épreuves, j'aidai mon élève à surmonter ses difficultés. De là naquit une sincère amitié entre Mylène et moi.

Elle m'invita à passer un week-end dans la propriété de ses parents. Le soir venu, son père s'aperçut rapidement que notre liaison ne ressemblait en aucun point à celles que d'autres jeunes gens avaient précédemment nouées avec sa fille. Nous nous comportions comme des individus du même sexe. Il en déduisit, très subjectivement, que les filles ne m'intéressaient certainement pas, car la sienne, mignonne, séduisante et fortunée, attirait systématiquement toute la gent masculine. Puisque tout homme doit impérativement avoir une sexualité, il m'attribua la même que la sienne. Cet homme devait être en situation de manque de longue date, car mes apparences n'avaient jusqu'à ce jour jamais attiré un quelconque individu du même sexe. Mon absence de conversation et mon attitude de repli perpétuel, figeant tout désir de communication, abrégèrent automatiquement la soirée. Je pris congé de mes hôtes et gagnai la chambre destinée aux amis de passage.

Mylène ou sa mère devaient, probablement, recevoir fréquemment des amies, à en croire le style et les agréments de la pièce : rideaux de satin rose, dessus de lit de dentelle sur fond de soie assortie, une coiffeuse, deux petits fauteuils et un pouf harmonieusement disposés sur un faux tapis persan... une vraie chambre pour poupées de grandeur humaine ! Je me crus une Mata-Hari d'un soir ! J'enfilai pourtant mon pyjama à rayures, plus proche de l'uniforme des bagnards de Cayenne que des déshabillés en soie des courtisanes. Alors que je m'étais glissé entre les draps chatoyants de mon lit de princesse et que je me disposais à m'évader dans un rêve merveilleux suscité par le décor, quelqu'un frappa timidement à la porte. Mylène venait-elle me dire une seconde fois bonne nuit ? Au lieu de voir apparaître une jolie jeune fille à laquelle j'aurai pu m'identifier, en accord avec mon milieu, ce fut son père qui fit irruption dans un monde où il n'avait pas davantage sa place qu'un animal quelconque au milieu d'un traditionnel jeu de quilles. Il me tendit, avec concupiscence, un billet de cent francs, comme s'il supposait que j'eusse quelque chose à lui vendre. Loin de placer cet homme dans une situation concrétisant mon rêve d'hétaïre, je me sentis brutalement réinséré dans ma carapace d'homme sur la défensive. Je lui confirmai que les leçons dispensées à sa fille étaient bénévoles, et m'octroyai la monnaie en le remerciant de bien vouloir reconnaître, ainsi, que la vie des étudiants ne se caractérisait pas par l'opulence. Complètement déconcerté, le prétendant s'en retourna l'air penaud, alors que je me demandai ce qu'un homme pouvait bien venir faire dans mon intimité. Mylène fit, quelques années plus tard, une sérieuse tentative de suicide après avoir découvert la nature homosexuelle de son père. La scène de la chambre de poupée deviendra alors plus transparente à mon entendement, me démontrant l'incompatibilité de ce type de sexualité avec l'essence même de ma nature.

Un riche commerçant anglais, vivant à Addis-Abeba, en Ethiopie et exportant café et produits d'élevage vers les Etats-Unis, avait un fils pour lequel il désirait un précepteur français. Il prit contact avec André Rey, un de mes professeurs, qui me proposa le marché. En un an, sans aucun frais, j'accumulerais un pécule suffisant pour passer le cap difficile de la formation professionnelle non rémunérée.

C'est ainsi qu'en janvier 1952 un quadrimoteur de la TWA m'embarqua à Paris pour Le Caire d'où je devais gagner Addis-Abeba par un avion de l'Ethiopian Air Lines. La révolution qui venait d'éclater en Egypte me fit manquer la correspondance et attendre quatre jours le départ suivant. Aux frais de la compagnie aérienne, je fus logé à l'Héliopolis-Hôtel, non loin de l'aéroport.

Un magnifique jardin dans lequel s'entremêlaient cactus et palmiers entourait l'hôtel. Les palmiers, en formation plus serrée, limitaient au sud une zone de vie et de végétation. Au-delà, c'était le désert avec ses dunes dont la plus haute dissimule les suivantes, véritable mer de sable brûlant aux vagues immobiles. Ce mur de palmiers, que je voyais de la fenêtre de ma chambre, m'intriguait. Il représentait une frontière entre la végétation et le désert, symbolisant la vie et la mort. Déjà, lorsque je m'étais enfui en Suisse à la fin de la guerre, en pleine nuit, la frontière inondée de lumière m'avait fortement impressionné. Elle concrétisait le passage de l'obscurité vers la clarté et de la contrainte vers la liberté. La contrainte, l'obscurité et la mort s'opposaient sans doute aussi en moi avec la liberté, la lumière et la vie. Mais où se trouvait-elle, la frontière qu'il me fallait franchir pour sortir de mon marasme affectif et me diriger vers un état me permettant de m'épanouir ?

Un symbole représente concrètement une chose abstraite. Comme la balance est le symbole de la justice, la frontière était devenue celui d'une limite à franchir pour me trouver dans une situation meilleure ou pire. La haie de palmiers, au bout du jardin, illustrait aussi une frontière. En la franchissant volontairement, je ressentirais probablement quelque chose qu'il m'était impossible de définir.

Vêtu d'un complet bleu pétrole, avec une cravate et des chaussures de ville qu'imposait l'élégance de l'hôtel, je saluai le dernier palmier comme une ultime connaissance, avant de pénétrer dans un inconnu sans vie et de remplir mes souliers de sable. C'était au mois de janvier, dans une région située dans l'hémisphère Nord, donc en hiver. Pourtant, les rayons solaires n'étaient guère supportables et la chaleur freinait mes mouvements de « naufragé volontaire » du désert. Je n'osais supposer ce que j'aurais ressenti en plein mois de juillet... Je franchis une première dune, assez haute, puis atteignis le sommet d'une seconde, plus petite. Exténué, je crus avoir réalisé une marche de deux bonnes heures, alors que ma montre m'indiquait qu'en réalité elle ne durait que depuis trente-cinq minutes. Ma tête était en feu, le sable brûlait mes pieds à travers les chaussettes de nylon. J'avais enlevé ma veste, et l'avais rejetée sur mon dos en la retenant par l'encolure. Je stoppai ma progression en direction du sud. Accomplissant un tour complet sur moi-même au sommet de la dune, je constatai qu'aucune vie ne semblait se manifester dans une quelconque direction. Seules, les traces de mes pas dans le sable, comme les cailloux blancs du Petit Poucet, m'indiquaient le chemin à prendre pour ne pas m'égarer dans cet enfer brûlant. Comment ceux qui s'y perdaient, à la suite d'un atterrissage forcé de leur avion, pouvaient-ils survivre plus d'une seule journée ? Ce pays de la mort lente symbolisait, pour moi, une sorte d'existence en accéléré dans un monde où rien ne permet la vie et où la mort survient sans que quiconque constate ou même suppose l'état de détresse qui la précède. Les mirages, images réelles de l'impossible, ne se comparaient-ils pas à mes rêveries, images impossibles d'un monde réel ? Les mirages, comme les rêveries, ne représentent-ils pas l'unique espoir de vivre ?

M. Roedel m'attendait à mon arrivée à Addis-Abeba avec son fils David âgé de douze ans, mon nouvel élève. La capitale de l'Ethiopie est située sur les plateaux abyssins à une altitude allant de 2 500 mètres, au bas de la ville et à l'aéroport, jusqu'à 3 000 mètres au-dessus du palais impérial. En amharique, elle s'appelle Addis-Ababa, ce qui signifie : nouvelle fleur.

David avait de grosses difficultés à fixer son attention et à soutenir un effort prolongé pour lire un texte simple ou écrire quelques phrases sous dictée. J'avais un bon contact avec lui, mais les progrès scolaires étaient d'une lenteur désarmante. Mon élève se couchait vers 21 heures et j'occupais mes soirées à la préparation de ma licence ; une ou deux fois par semaine, je me rendais au cinéma où les films anglais ou italiens étaient toujours sous-titrés en arabe et en français. La communauté française, un peu plus d'une centaine de personnes, se composait du personnel de l'ambassade, des professeurs du lycée franco-éthiopien, des cheminots du chemin de fer Addis-Abeba-Djibouti et de quelques isolés tels que moi. Les locaux de l'Alliance française permettaient de nous retrouver dans diverses soirées récréatives ou culturelles. La popularité des activités françaises était considérable et la plupart des étrangers ainsi que quelques Ethiopiens y participaient fréquemment.

Lors d'une soirée dansante, je fis la connaissance d'une jeune Allemande, secrétaire à la Banque des Etats-Unis ; elle parlait couramment l'allemand et l'anglais mais pas le français. Mes connaissances d'anglais avaient refait surface depuis mon arrivée, car j'avais fréquemment l'occasion de converser avec la nurse anglaise qui élevait le jeune frère de David.

Je ne savais pratiquement pas danser et mes partenaires se lassaient vite de ma timidité et de mon acharnement à leur écraser les pieds. Je les contraignais rapidement à l'abandon. Greta, arrivée en Ethiopie avec sa mère depuis un an, n'avait encore aucune relation amicale, même dans le personnel de la banque où elle travaillait. Rapidement, nous nous trouvâmes un centre d'intérêt commun. Elle perfectionnerait mon anglais, ce qui n'était pas chose facile car j'étais peu doué pour les langues, et je lui apprendrais le français dont elle ne connaissait que quelques mots. Ainsi le programme de multiples soirées était établi pour de longs mois. Comme c'était à prévoir, l'isolement au cœur de l'Afrique, associé à une coopération dans l'étude des langues vivantes, allait rapidement nous orienter vers l'apprentissage du langage universel des mains, sur lequel j'avais encore moins de notion que l'anglais.

En 1952, personne ne connaissait la pilule anticonceptionnelle puisqu'elle ne fut inventée qu'en 1956 par l'Américain Gregory Pincus. Quant à la méthode Ogino-Knaus, les femmes n'en avaient qu'une vague idée et, avec ses trente-huit pour cent d'échec, elle n'était guère fiable.

C'est sans doute la raison pour laquelle Greta se retrouva enceinte. Il me fallait prendre une décision sans avoir la possibilité de choisir. Conscient de mes responsabilités et contraint de me décider librement, je proposai de l'épouser dans les trois mois à venir ; puis de rentrer en France avec, à mon bras, outre mes bagages déjà fort lourds, une conjointe munie d'un passeport français et d'un enfant en gestation. Les mauvais souvenirs de la guerre terminée depuis sept ans, présents encore et sans doute pour longtemps dans la mémoire des Français, rendaient, à mon idée, impossible le retour au pays avec une Allemande. La Communauté économique européenne ne devait être créée qu'en 1955, il était prématuré de m'illustrer comme un précurseur du Marché commun ou de l'Union de l'Europe occidentale.

Quelques jours après que nous eûmes reçu les félicitations, très chaleureuses, de M. l'ambassadeur de France et du consul, les autorités éthiopiennes nous donnèrent le visa de sortie, après avoir consciencieusement vérifié que nous avions bien acquitté nos impôts.

L'avion jusqu'à Djibouti, puis un cargo mixte jusqu'à Gênes constituèrent l'habitacle de notre voyage de noces. Une tempête de force 8 sur l'échelle de Beaufort nous attendait dans l'Adriatique. Le capitaine, sans doute pour pimenter le voyage, nous signala que l'année précédente un cargo de même tonnage avait chaviré lors d'un fort coup de vent identique. Une escale à Naples nous donna la possibilité de visiter les ruines de Pompéi. Une tempête et des ruines lors d'un voyage de noces auraient, certes, été interprétées par les Anciens comme un très mauvais présage.

Notre retour « idyllique » s'acheva à Montbéliard, où mon père exerçait son ministère pastoral. Le lendemain, il bénit notre union afin que « l'homme ne puisse pas séparer ce que Dieu a uni ». Il était soucieux de faire la connaissance de sa bru, d'autant plus que, par la force des distances, il était mis devant le fait accompli ou plutôt devant l'accomplissement du fait.

Les futurs « heureux époux » vont le plus souvent à pied de la mairie à l'église, qui, dans beaucoup de communes, se trouvent très proches. Ce trajet, effectué par la mariée dans ses plus beaux atours et au bras du représentant de sa sécurité supposée éternelle, lui laisse un souvenir indélébile. Elle regrette la brièveté de ces instants qui sont rarement suffisants, et généralement perturbés par l'entourage ou les conditions atmosphériques, pour apprécier pleinement une nouvelle existence qui s'annonce des plus heureuses.

Je n'ai jamais su ce que Greta a ressenti pendant ce même trajet qui pour elle dura plus de dix jours, par avion, bateau et train, avec tempête, ruines et... ma belle-mère qui s'était jointe à nous pour assister au mariage de sa fille avant de regagner l'Allemagne.

A la fin de la cérémonie religieuse, à laquelle toute la paroisse avait participé, les uns en décorant l'église et les autres en unissant leurs voix au sein de la chorale, ce fut le traditionnel défilé des parents, amis et connaissances. Poignées de main, embrassades, vœux de bonheur, rien ne manquait. C'est alors que l'émotion me gagna et que j'éclatai en sanglots comme à l'enterrement d'une personne chère. Je ne pouvais contenir mes larmes, qui ruisselaient sur mes joues au plus grand étonnement des participants dont le sourire contrastait étrangement avec l'expression de mon visage. Inconsciemment, je réalisais le caractère faux et injuste d'une situation à laquelle je ne parvenais que par obligation. Cette démonstration, en public, que j'étais un homme qui allait être un père, signifiait une réelle capitulation de ma féminité cérébrale et le triomphe de mon sexe masculin. Cette abnégation de ma tête pour satisfaire aux lois d'une société qui n'avait rien compris et à laquelle je ne pouvais rien expliquer, revenait à me « bestialiser ». Si cette société m'avait imposé de devenir un chimpanzé, je me serais, avec le même désarroi, gratté les puces dans une cage du zoo de Vincennes. Ma réaction était visible, mais ses mobiles impossibles à concevoir. Malgré mes larmes, je devais faire figure d'homme heureux.

L'éducation de mes parents, six frères et sœurs, cinq années de guerre m'avaient appris à réagir de trois façons : j'étais fataliste devant l'incompréhension, absent devant la difficulté et, enfin, bouleversé lorsque je ressentais une émotion incontrôlée, imprévue et le plus souvent inconsciente.

***

Ainsi, l'enfant que Greta attendait aurait des parents : une mère réelle et un père, du moins en apparence. L'opinion publique serait satisfaite et le qu'en-dira-t-on réduit à une expression normale. Puisque notre voyage de noces s'était effectué entre la mairie d'Addis-Abeba et l'église de Montbéliard, il ne me resta plus qu'à organiser la poursuite de mes études de psychologie. Quelques mois plus tard, je passais ma licence, avec succès.

Mais que pouvait-on faire, en octobre 1953, avec un tel bagage universitaire, d'origine étrangère de surcroît ? A cette question, j'obtins la réponse suivante :

— Relativement peu de chose, à moins de travailler dans un centre d'orientation professionnelle, mais les diplômés français prendront les places avant vous ; ou assister un médecin spécialisé dans un domaine où la psychologie prend toute sa valeur. D'ailleurs, en France, la profession de psychologue clinicien est encore si peu répandue que sur les registres fiscaux, elle figure avec les voyantes et les cartomanciennes.

Seule l'idée de travailler avec un médecin aurait pu me tenter. Mais je ne me voyais pas travailler sous la domination d'un homme. J'acceptais déjà si mal ma condition d'homme, ce n'était pas pour être conditionné par celle d'un autre. Je ne pouvais donc qu'envisager une activité professionnelle indépendante. Et puisque mon diplôme m'autorisait à dépendre d'un médecin, pour dépendre de moi-même il me suffisait de devenir médecin.

Entreprendre, à mon âge, marié et chargé de famille, des études de médecine, m'imposait de bien avoir conscience de ce qui m'attendait ainsi que des conditions dans lesquelles ce long cheminement me serait possible.

J'allais avoir vingt-six ans et j'avais devant moi sept années d'études. Mon premier enfant naîtrait avant même que j'entre à la faculté. Il me fallait trouver un logement à Paris, ce qui n'était pas facile huit ans après la fin de la guerre. Enfin, je m'imposais une règle impérative : je ne tolérerais aucun échec à un quelconque examen, ce qui entraînerait immanquablement l'abandon total et définitif de mon projet.

Fort de cette judicieuse et infaillible programmation, je me mis avec acharnement au travail. Ma ténacité présenta un énorme avantage, celui de n'avoir plus le temps de penser pendant les sept ou huit années qui allaient suivre.

Notre fille naquit le 30 septembre, je passai mon dernier examen de licence à Genève le 15 octobre et commençai l'année préparatoire à l'école de médecine (PCB) le 25. Nos économies réalisées en Ethiopie ainsi qu'une bourse d'études nous permettaient de vivre dans un studio très petit et très sombre où Greta élevait notre fille.

En juin, je réussis le concours d'entrée à la faculté de médecine avec le rang de 316ᵉ sur 1 600. Mon destin professionnel se réalisait selon le plan prévu. Mais en matière d'organisation familiale mes prévisions furent moins faciles. Greta devait reprendre, en automne, un emploi de secrétaire et se retrouvait à nouveau enceinte. Il nous fallait un logement plus grand. En attendant, notre fille irait en pension chez sa tante à Neuilly.

Me sentir imprégné de féminité et démontrer une virilité incontestable en engendrant deux enfants ne me perturbait pas outre mesure. Mes responsabilités d'homme, inculquées par l'éducation de mes parents, représentaient les seules règles à respecter, alors que la physiologie de mes glandes génitales témoignait d'un phénomène naturel sans participation du psychisme. C'est pourquoi, j'étais plus troublé par le fait que le salaire de Greta soit l'unique ressource substantielle du foyer que par l'annonce de l'arrivée d'un second enfant. Je cherchai et trouvai une activité rémunérée que j'exercerais la nuit, les jours fériés et pendant les vacances, puisque les impératifs de la première année de médecine m'accaparaient le reste du temps.

Le 17 février 1961, je soutins ma thèse et prêtai le serment d'Hippocrate devant mes maîtres. Ma formation de psychologue m'avait autorisé à exercer, depuis ma quatrième année de médecine, une fonction d'externe dans le service de neuropsychiatrie infantile de l'hôpital Saint-Vincent-de-Paul. A plus de trente-trois ans, je terminai un cycle d'études quelque peu mouvementé. Ma famille s'était encore agrandie. Greta avait mis au monde un troisième, puis un quatrième enfant et cessé toute activité professionnelle salariée. Sa nouvelle carrière de mère de famille occupait pleinement son temps.

Malgré l'impression de devoir poursuivre mes études pour devenir psychanalyste, le bon sens joint aux nécessités familiales m'incitèrent à m'installer médecin généraliste, activité dans laquelle la psychologie proprement dite a une place certaine ; ce qui ne semblait pas, alors, évident, puisque en six ans d'enseignement, je ne crois pas avoir entendu prononcer ce mot. Ce ne sera que quelques années plus tard qu'un cours de psychologie médicale sera créé à la faculté.

Je possédais quelques notions de base sur les sciences humaines. Il me fallait les mettre en pratique en devenant le classique médecin de famille. J'ouvris mon premier cabinet dans une ville de Seine-et-Oise.

L'exercice d'une profession crée, assez rapidement, un certain nombre d'automatismes qui engendrent progressivement la monotonie. Survenant, dans mon cas, celle-ci risquait de me remettre dans une situation que je redoutais : avoir le temps de penser. Les clients venaient d'eux-mêmes et les soucis financiers s'estompaient rapidement. L'édifice que j'avais mis plus de trente années à construire paraissait achevé. Normalement, après tant d'efforts et d'acharnement à réussir, j'aurais dû me laisser vivre. Quoi de plus naturel ?

En fait, et là il faut bien me comprendre, je n'ai jamais eu envie d'être médecin, pas plus que psychologue ou psychanalyste. A dix-huit ans, ma nature hypersensible me faisait proclamer à qui voulait l'entendre : « Je ferai n'importe quel métier sauf celui de médecin. » Je n'aime pas que les gens soient malades et j'ai horreur des maladies qui vous rendent temporairement ou définitivement invalides. C'est sans doute la raison pour laquelle j'ai toujours fait l'impossible pour guérir très vite ; ce qui m'a valu la réputation de médecin « efficace », et même parfois l'appellation, ô combien erronée, de « docteur miracle ». Les quelque soixante-dix à quatre-vingts examens que j'ai passés n'ont jamais été destinés à exercer cette profession. Jamais je n'ai pensé mettre un jour en pratique ce que j'apprenais. Non, depuis le début de mes études à Genève, je n'ai inconsciemment souhaité qu'une chose : apprendre à me comprendre, apprendre à jouer le rôle de l'homme que je devais être, ou, à défaut, savoir pourquoi il m'était impossible d'en être un. Une fois ma personnalité parfaitement définie, il me serait possible de choisir un métier qui lui soit adapté. Or, voilà, j'étais médecin malgré moi. J'appliquais scrupuleusement les automatismes qui m'avaient été inculqués à la faculté. Pourtant, je ne voyais pas une autre profession mieux adaptée à l'être que j'étais. Mais, qui étais-je au juste ?

Je n'avais que des satisfactions éphémères, identiques à celles de l'enfant qui réclame à corps et à cris un jouet pour l'abandonner définitivement quelques heures après. Et tous les jours, je me retrouvais dans une sorte de vide impressionnant, mais certes pas angoissant. On ne peut avoir peur d'un danger dont on n'a aucune notion.

Pénétré d'un profond malaise, dans un sursaut de virilité factice, je tentai de construire quelque chose de nouveau. Je demandai à un ami architecte de restructurer et décorer notre appartement. Puis j'achetai une maison de campagne. Enfin, je changeais de voiture tous les dix-huit mois pour avoir l'impression de percevoir un changement, exsudat d'une nécessité existentielle que j'ignorais totalement. Dès le lendemain d'une modification superficielle de mon genre de vie, je retrouvais le « vide ». Rien ne semblait devoir m'apporter un réel soulagement. Même les vacances m'étaient insupportables. Si j'avais réellement été un homme, je me serais mis à boire, à fumer, peut-être même me serais-je drogué ? Mais non, à aucun moment de telles idées ne me vinrent à l'esprit. Elles correspondaient à me détruire entièrement, or je crois qu'inconsciemment je ressentais que je devais, à tout prix, sauvegarder une minime partie de ma personne qui, elle seule, était vraie.

Ma nature ambiguë, que j'étais incapable de définir, m'obligeait à être « rien ». Or, l'avantage de n'être rien permet d'être n'importe qui par une simple identification intellectuelle alors que je me sentais incapable d'identification affective. La clientèle n'était pas insensible à cette capacité de me mettre à la place des autres, en particulier à celle du malade. Elle affluait de plus en plus.

Un jour, je fus appelé en urgence au chevet d'un bébé atteint d'une bronchite asthmatiforme grave, avec forte fièvre et détresse respiratoire. Je prescrivis alors une thérapeutique de type énergique en demandant à la mère de me tenir au courant de l'évolution par téléphone toutes les deux à trois heures. Le lendemain, tout était rentré dans l'ordre.

Quelques jours plus tard, la mère me rappela. Le bébé allait tout à fait bien, mais c'était elle qui présentait une hépatite virale banale. Ces états pathologiques successifs m'obligèrent à plusieurs visites à son domicile et, progressivement, ma cliente y prit goût. Puis elle me fit venir pour des raisons futiles. Je subodorai vaguement une manœuvre subtile et malsaine, car cette femme semblait avoir de gros problèmes psychologiques.

La nature asexuée du médecin me convenait pleinement pour exercer ma profession. Je me sentais bien dans ce sexe neutre. La clientèle devait s'en rendre compte et me faisait d'autant plus confiance. Ma propre vie affective encore très primitive, ne m'apportant aucun effet sécurisant, pour la simple raison que je ne me sentais pas désécurisé, me permettait de sécuriser plus facilement mon malade, ce à quoi je tenais absolument. Apaiser l'angoisse que provoque la maladie, consistait pour moi à expliquer longuement, à celui qui en était atteint, ses diverses manifestations, leurs conséquences et à pronostiquer le jour de son heureuse issue, lorsque je la pressentais. Mes clientes pensaient que mon comportement dans l'exercice de la médecine devait être au moins équivalent à celui que je pouvais avoir dans mon milieu familial et que mon épouse ne pouvait être qu'heureuse de vivre avec un être comme moi. Ma femme avait, sans aucun doute, déniché le mari idéal. Greta avait un point de vue totalement différent. La rareté de nos rapports sexuels, associée à une hyper-activité professionnelle lui fit supposer que je cherchais ailleurs ce que je ne trouvais pas avec elle. Elle en fut si convaincue qu'elle jalousa ma virilité sans s'apercevoir qu'elle n'existait pas, en dehors d'une fonction glandulaire simple. Le fait de ne pas pouvoir prouver que l'on ne possède pas quelque chose signifiait, pour elle, qu'on le dissimule pour en faire bénéficier quelqu'un d'autre. C'est comme si je vous demandais de me prouver que vous ne m'avez pas volé un billet de cent francs.

L'hépatite de ma cliente se terminait, ainsi que mes conseils thérapeutiques ou diététiques.

— Suis-je le type de femme qui vous plaît ? me demanda-t-elle sans préambule, allongée sur son lit.

A cette question inopinée, je m'aperçus que je ne l'avais pas encore regardée. Un très petit tour d'horizon me permit de répondre :

— Absolument pas !

Mon affirmation était censée mettre un point final à toute démarche et à toute discussion sortant des sentiers connus de la classique consultation médicale. Une autre femme aurait interprété mes termes comme un rejet sans appel, mais celle-ci fit semblant de ne pas entendre.

— Je m'appelle Martine, enchaîna-t-elle, et vous je sais !

Bien que psychologue, je ne saisis pas bien la situation, ou ne souhaitai pas la comprendre. Si je n'étais pas capable d'évaluer une situation affective, une quelconque amitié pouvait éventuellement créer une situation nouvelle susceptible de m'aider à comprendre quelque chose en moi.

Les sujets de conversation dont le caractère n'était pas strictement professionnel ne m'intéressaient pas. Je n'avais aucune opinion sur quoi que ce soit, au point que personne ne tentait de m'inviter à quelque soirée mondaine. Mon manque de finesse en matière de relations humaines m'entraînait à certaines maladresses témoignant d'une naïveté enfantine.

Martine m'appelait au téléphone à n'importe quelle heure du jour et de la nuit pour des raisons futiles ou même sans aucune raison. Quelque chose semblait me pousser irrésistiblement vers elle comme si elle détenait un pouvoir qui m'apparaissait mystérieusement indispensable. Elle caractérisait une sorte de continuité de ce que j'avais recherché chez Greta, mais avec une exacerbation maximale d'un pouvoir destructeur de la virilité de l'homme. En somme, j'avais attiré vers moi deux de ces femmes dominatrices que les psychanalystes appellent « castratrices ».

Martine utilisa tous les moyens susceptibles de me séparer de Greta. Elle m'entraîna à passer quelques nuits dans les auberges des environs, puis m'incita à louer un appartement où elle viendrait me rejoindre de temps à autre. Alors se brisa définitivement l'union d'un couple vieux de treize ans. J'abandonnai mes quatre enfants pour une destinée inconnue vers laquelle je me sentais inconsciemment attiré.

Mes premiers contacts sexuels avec Martine auraient paru à quiconque une relation « normale » entre homme et femme. Pourtant, ce comportement contrastait avec le passé où ce mécanisme laissait supposer soit un vieillissement précoce, soit un grippement des rouages. Mes débuts fracassants firent croire à Martine que les hypersexuels n'étaient pas uniquement originaires de certains pays chauds d'Afrique ou des steppes de l'Asie centrale. Peut-être qu'en Ethiopie il s'était produit une erreur d'aiguillage et que le paon n'avait pas jugé bon de faire la roue devant une sauterelle.

Il était, sans doute, plus simple de penser que mes pratiques sexuelles atténuées ou exagérées témoignaient plus d'un vice de forme que d'une forme de vice. Mais l'excès n'est pas meilleur que l'insuffisance, même si le normal n'a jamais eu de définition précise. Mon hyperactivité ne dura pas plus longtemps que celle de certains moteurs poussés aux Vingt-Quatre Heures du Mans. C'était donc bien un vice de forme qui se démontrait par le fait que la mécanique n'avait pas été faite pour les excès. Son emploi abusif et volontaire devenait un mode de destruction aussi banal que les autres.

L'ingestion trop importante d'un aliment riche et lourd à digérer, tels les choux à la crème, entraîne une indigestion susceptible de faire naître un dégoût définitif de ce genre de pâtisserie. Cette méthode appliquée dans la sexualité aurait, peut-être, neutralisé tout ce que mon corps réclamait et que ma tête refusait. Une autre technique de destruction affective consiste à remplacer l'agréable par le désagréable en associant, à la sensation se traduisant par un plaisir, celle de souillure et de répugnance. Il me paraissait indispensable de détruire l'absurdité de la fonction sexuelle de mon corps, qui contrastait avec le bon sens de mon esprit de créativité qu'illustrait la construction de mon édifice professionnel.

Soudain, le fait de parcourir la ville pour voir mes clients me devint insupportable. Je vendis mon cabinet à un confrère et décidai d'aller n'importe où, dans un lieu hypothétique que me révéleraient les petites annonces de la presse médicale. Je découvris, ainsi, qu'un village de l'Yonne, non loin de Sens, était sans médecin depuis longtemps. Une immense maison, adaptée à la profession, attendait un éventuel successeur. Je pris les meubles de la maison de campagne en plus de ceux de mon bureau et partis m'y installer.

Martine, mariée, mère de trois enfants, et très « petite-bourgeoise », n'avait aucune raison de venir habiter dans cette maison froide et inconfortable. Il me semblait qu'elle venait de m'entraîner à faire un pas dans une direction qui s'apparentait nettement à une « descente aux enfers ». Rien ne me permettait de prévoir le lendemain. Cependant, cette nouvelle condition d'existence m'apparaissait nécessaire : je pensais devoir être à chaque instant « disponible » pour une nouvelle étape éventuelle, et je vivais dans l'attente d'un événement plus inconnu que certain.

La vie du médecin est faite d'une suite d'imprévisibles. Chaque coup de téléphone peut annoncer une difficulté à résoudre et le mettre dans une situation complexe où, seule, sa conscience professionnelle lui donne la possibilité de s'en sortir. En fait, ma formation de médecin m'aidait à vivre au jour le jour. Peut-être l'avais-je entreprise uniquement dans ce but ? Je réunissais, en une seule personne, le médecin du malade et le malade du médecin. D'autre part, j'avais constamment la drôle d'impression que ma destinée devait être tracée quelque part et que je devais immanquablement la suivre sans chercher à comprendre. L'éducation de mes parents et plus particulièrement l'instruction religieuse de mon père furent, sans doute, à la base de cette conviction, à l'image de celle des Hébreux traversant le désert de Pharan dans la péninsule du Sinaï sous la conduite de Moïse. Voyage qui dura quarante ans avec son escorte de souffrances. Un seul espoir au terme de ce périple : un pays, leur pays, où coulent le lait et le miel. L'histoire des traversées de désert à pied, celle de l'Atacama, au Chili, que j'avais vue dans un film, ou celle de Pharan, avait un tel impact sur moi, qu'il était impossible qu'il n'y eût pas une corrélation étroite entre ces images et le déroulement de mon destin. J'accomplissais un parcours difficile, semé d'embûches, d'énigmes, de catastrophes et de contradictions perpétuelles, une sorte de mise à l'épreuve. J'en avais relativement conscience. Dans les moments de désespoir, qui n'étaient pas rares, une parole de la Bible me redonnait courage : « Va, avec la force que tu as. »

Mais, peu de temps après ma nouvelle installation, je sus que je n'y resterais pas longtemps. Un médecin de l'hôpital de Sens, d'origine étrangère, attendait sa naturalisation imminente pour prendre le poste. C'était une question de mois. Inscrit avant moi, je devais confraternellement m'effacer devant lui. Personnellement, que j'exerce la médecine là ou ailleurs m'importait peu, d'autant plus que pour me remercier d'avoir reconstitué la clientèle, il s'engageait à payer mon modeste déménagement.

Un visiteur médical auquel j'avais soumis mon problème d'installation nouvelle me signala qu'un groupe de villages entre Auxerre et Vézelay n'avait plus de médecin. De surcroît, j'y avais l'autorisation d'exercice de la pharmacie. En trois jours ma décision fut prise. Je déménageai et j'emménageai. La liberté permet une extrême mobilité. J'emmenai avec moi une jeune fille qui tiendrait la pharmacie, ainsi qu'un berger allemand et un chat siamois devenus mes compagnons.

Je changeai bientôt ma voiture achetée d'occasion contre un cabriolet blanc. De plus, une fois par semaine, je me rendis à l'aérodrome d'Avallon pour prendre des leçons de pilotage. En quelques mois, j'obtins le premier, puis le second degré et devins un pilote indépendant susceptible de s'envoler, le jour seulement, dans le monde entier.

Le temps dont je disposais pour voler était fonction de mon travail, donc imprévisible et de durée variable. Pour louer un appareil, il fallait s'y prendre longtemps à l'avance. Mon incertitude chronique du lendemain ne me le permettait pas. Il me fallait la liberté de l'oiseau et, pour cela, posséder mon propre avion. Je commandai donc ce magnifique jouet aux usines Robin, près de Dijon. Non pas un petit modèle de débutants pour avion-école, mais un avion à quatre places, muni d'un moteur de 180 CV, avec radio, VOR, pilotage automatique et même réservoir supplémentaire ; le minimum indispensable pour avoir le moins de chance possible de se perdre.

En pilotant mon avion, véritable « château en Espagne » volant, je m'élevais dans le ciel et contemplais, de très haut, une petite partie de la terre sur laquelle chacun avait aménagé son petit coin de paradis. Je dominais un monde qui permet à quiconque de vivre avec sa raison et d'aimer selon son cœur. Mais cette conquête de l'espace, réalisée grâce à mon travail et à mon organisation intellectuelle, ne me procura que la satisfaction éphémère d'un jouet qu'un jeune enfant reçoit à son anniversaire.

Ma vie semi-princière me procurait une impression bizarre, du style « conte de fées dans une misérable cave abandonnée ». D'ailleurs, elle n'éveilla pas l'attention d'une quelconque princesse à plusieurs centaines de lieues à la ronde. Et aucun ange dans le ciel ne vint contempler mon apothéose. La puissance et la gloire ne résident pas dans les décors de la scène du théâtre. Pour le public, seule la valeur de l'acteur détermine le triomphe de la pièce.

Piètre comédien du style cabotin, et très mauvais interprète, je jouais devant une salle de spectacle complètement vide. Malades, voiture de sport, médicaments, avion, représentaient le mélodrame en quatre actes dont j'étais le protagoniste, tour à tour et indifféremment médecin, dandy, pharmacien et pilote.

Martine ne manquait pas directement ou indirectement de se tenir au courant de mes faits et gestes. Un beau matin, mon « one-man-show » voyait entrer une spectatrice. Martine faisait sa réapparition. Qu'est-ce qui l'avait poussée ou attirée vers cette scène indifférente à tous ? Souhaitait-elle contempler le caf'conc' d'un m'as-tu-vu de campagne ? Voulait-elle participer et devenir actrice pour transformer la pièce en sketch ? Non, rien de tout cela. L'avion, la voiture décapotable la décidaient à faire sa propre « conquête de l'Est » comme tous ceux qui, à l'Ouest, participèrent à la ruée vers l'or au Transvaal. Dès ce jour, le théâtre afficha « Relâche ». Elle prenait en main la pharmacie dont elle s'octroyait la totalité du bénéfice et une partie du chiffre d'affaires. Aussi compétente en comptabilité que je l'étais en virilité, le navire se remit à la dérive. Le tocsin des disputes annonça un désastre imminent. J'étais devenu irascible, véritable maladie chez un être qui se définissait par une soumission passive. Incapable de maîtriser la situation, je passai, sans intermède, de la rage de l'impuissance aux pleurnicheries et aux piailleries du jeune enfant martyrisé par de plus grands nigauds dans la cour de l'école.

L'atmosphère s'alourdit. Le ciel s'assombrit, et Jupiter envoya la foudre qui, en un éclair, détruisit mon bel échafaudage. Je l'avais édifié pour atteindre le sublime, comme l'échelle de Jacob dans son rêve atteignait le ciel. Martine, constatant la calamité à son injuste valeur, se trouva fortement lésée par l'effondrement de la situation, qui imposait une nouvelle séparation. Convaincue de son irresponsabilité et pour ne pas se sentir appliquer ces paroles de La Fontaine : « C'est l'ordinaire de ceux qui ont tort, et qui connaissent leur faible, de rechercher les fuites », elle me contraignit à accepter de quitter également mon « pays de cocagne » ravagé par un typhon. Elle monnaya très avantageusement pour elle son départ, au point que je dus revendre mon joyau à quatre roue et le remplacer par un véhicule d'occasion tout aussi épuisé que moi. L'avion n'intéressait pas financièrement Martine, sa récente acquisition, à crédit, s'avérant amplement déficitaire en cas de revente prématurée.

Le choix d'un village de l'Aveyron qui se mourait par

suite du départ de toute sa jeunesse vers des régions où le travail se révélait être moins dur et plus lucratif, avait été déterminé par le fait que Greta s'était installée à Nice avec les quatre enfants. L'avion trouva place sur l'aérodrome du Larzac ; j'avais ainsi, par beau temps, en un peu plus d'une heure de vol, la possibilité de les retrouver.

Cette nouvelle étape dans ma « descente aux enfers » allait-elle être encore plus catastrophique que les deux premières ? Que pouvait-il advenir de moi en posant le pied sur la marche inférieure ? Je me sentais encore plus seul au milieu des cailloux de toutes dimensions qui jonchent le Causse du Larzac. Les habitants me témoignaient leur reconnaissance d'être venu les aider à vivre... Mais, dans cette région qui s'éteindra rapidement si le tourisme ne s'organise pas au plus vite, je les aiderai, plus certainement à mourir en atténuant leurs dernières souffrances. Toutes ces grosses pierres partout et toutes ces personnes âgées me donnaient l'impression d'exercer la médecine dans un cimetière de morts-vivants. La solitude, mère de la dépression, m'envahissait chaque jour un peu plus. Je ne me sentais plus qu'un robot-médecin, ultra-perfectionné, qui savait sourire et répondre à toutes les questions ou salutations par un mécanisme stéréotypé pratiquement inusable.

Là aussi, la fonction de médecin comprenait celle de pharmacien. Il était illusoire de conseiller aux clients de venir chercher leurs médicaments ou d'aller leur porter, tant les distances étaient importantes et les routes tortueuses. Ma voiture se trouva, par nécessité, transformée en pharmacie ambulante.

Par bonheur, j'étais arrivé au printemps et je mis à profit mes premiers mois pour organiser mon activité professionnelle de façon à me libérer tous les samedis et dimanches en me faisant remplacer. Dès l'été, je passai presque tous mes week-ends à Nice où je retrouvais mes enfants qui avaient énormément grandi. Les aînés étaient devenus des adolescents et les cadets de grands enfants.

Greta ne fit pas barrage à mes fréquents séjours. Je désirais faire une tentative de conciliation, et ce, uniquement pour les enfants. Mon attitude des années précédentes me culpabilisait fortement. Si cette tentative échouait, au moins, je l'aurais faite.

Un soir comme tous les autres, devant la télévision que je n'écoutais ni ne regardais, mais qui instituait un fond sonore propice à la réflexion, mes pensées s'envolèrent brusquement dans un monde entièrement nouveau. En fait, pensais-je, je ne suis pas un homme digne de ce nom, pas plus qu'un père. Je ne suis pas non plus une femme bien que j'en perçoive certaines prédispositions, en opposition avec ce qui est écrit sur ma carte d'identité. En conséquence, l'idéal serait de parvenir à un état dans lequel je serais physiologiquement neutre et sexuellement rien.

Mon incompétence totale en endocrinologie m'obligea à me plonger dans divers traités susceptibles de m'indiquer la technique à suivre pour obtenir une solution, même partielle, à mon projet. Tout à coup, une étincelle se produisit au milieu d'un amas de définitions, de formules chimiques et de principes biologiques dont je ne comprenais même pas le sens. Je lus : « Les hormones mâles et femelles entrent en compétition dans l'organisme. Il existe un antagonisme entre ces deux hormones à plusieurs niveaux. » Au milieu d'une multitude de termes complexes, je venais de réaliser ce que signifiait « compétition » et « antagonisme ». Cet antagonisme, en matière d'hormones mâles et d'hormones femelles, ne correspondait-il pas au même type d'opposition qui régnait dans ma tête depuis ma plus tendre enfance ?

L'estradiol, hormone de la femme par excellence, existait en médicament sous sa forme naturelle. Les indications concernant l'usage de ce produit à fort dosage, auraient horrifié l'humanité entière. Son utilisation se rapportait essentiellement au cancer de la prostate inopérable. Sévèrement contre-indiqué chez la femme, il présentait des effets stipulés indésirables chez l'homme : sensibilité de la pointe des seins, augmentation de leur volume et enfin, la clef de voûte de toutes mes espérances, « réduction de la puissance virile ». Toutes ces réactions répertoriées comme « indésirables » représentaient mon souhait le plus cher depuis que l'entrée en fonction de mes testicules m'avait imposé une masculinité responsable de tant de souffrances et d'injustices. C'était bien aussi à cause de mon étiquette d'homme que je me trouvais maintenant au milieu de cet immense pierrier des Causses. Je ressemblais à une de ces roches qui n'attendent que l'érosion semblable au processus inéluctable de dégradation du chétif relief de ma personnalité.

Le lendemain matin, je m'administrai une dose conséquente de ce « dangereux poison ».

Moins de quarante-huit heures plus tard, je ressentis une extraordinaire sensation d'apaisement. Une impression de vie m'envahissait progressivement comme la sève qui, au printemps, monte dans chaque plante. Pour la première fois de mon existence, je me sentis vivre. Les hormones de la femme représentaient le plus merveilleux philtre de vie jamais réalisé par la plus merveilleuse des fées avec la plus sophistiquée des baguettes magiques. Je n'en crus pas les messages de félicité que mes cinq sens transmettaient, à chaque instant, à mon cerveau tout à coup réceptif. Mes yeux découvraient l'harmonie des couleurs de la nature. Mes oreilles reflétaient le chant des engoulevents devenus les solistes du plus prodigieux ensemble instrumental qui exécutait son concert tous les jours, mais que je percevais pour la première fois. Des parfums envoûtants emplissaient l'air que je respirais. Les aliments prirent la saveur des délices. Puis, dans les semaines qui suivirent, lorsque mes doigts effleuraient ma peau, j'en éprouvais une sensation nouvelle qui m'était totalement inconnue jusqu'alors.

A l'orage de l'Yonne succédait le calme de la symphonie pastorale provoqué par ma première injection d'hormones femelles. Elles venaient de neutraliser le violent poison que représentaient mes hormones mâles. Je vivais mon premier printemps.

Je commandai, par l'intermédiaire d'un catalogue de vente par correspondance, une robe, des bas, des sous-vêtements féminins et une mignonne petite chemise de nuit jaune paille, courte et agrémentée de volants. Le tout à mes mesures vérifiées plusieurs fois pour qu'aucune erreur ne vienne troubler une féminité qui s'extériorisait pour la première fois. A réception de mes emplettes, j'occupai toute une soirée à mes essais vestimentaires d'un style classique, tout à fait seyant et de bon goût. Si la glace me renvoyait l'image d'un homme habillé en femme, je percevais, au plus profond de mon être, une sensation prodigieuse qui s'ajoutait à celle des hormones femelles et les complétait. Je venais de nouer un dernier maillon d'une inversion totale de mes apparences et prenais conscience de ma réelle identité. Pourtant, la société me considérait comme un bel homme, très séduisant, alors qu'intérieurement je m'estimais confectionné par un enchevêtrement de multiples aberrations. Maintenant, une sublime harmonie traduisait le type d'épanouissement vers lequel devait s'orienter ma personnalité, alors que le miroir, substitut de mon milieu social, me jugeait ridicule, extravagant, insensé, déraisonnable et saugrenu.

Il existe, pourtant, des hommes constamment habillés en femmes. Ces « travestis » se rencontrent plus spécialement dans les boîtes de nuit ou certains milieux d'une prostitution spécialisée. Quelques années auparavant, je m'étais rendu, avec Greta, dans un cabaret parisien, « Madame Arthur ». Cette appellation définissait le milieu et l'ambiance. L'allure du personnel et de la plupart des artistes m'avait déplu d'emblée. Je n'appréciais guère plus l'accoutrement d'un homme revêtu d'un jupe plissée sans être un Ecossais en costume d'apparat, que le mien, représentant un homme normalement vêtu mais dissimulant une affectivité féminine. Aucun des habitués de cette maison ne semblait avoir un quelconque point commun avec moi, à l'exception d'une strip-teaseuse dont je ne sus jamais s'il s'agissait d'une femme ou d'un homme atteint d'ambiguïté sexuelle. Restée muette pendant son effeuillage, sa voix ne put me fournir une orientation complémentaire.

Le théâtre montre des êtres jouant un rôle qui dissimule leur personnalité réelle. Je souhaitais vivement faire la connaissance de travestis pour pouvoir déterminer, avec précision, si j'en étais un, plus ou moins conforme, ou si je relevais d'une autre catégorie d'individus dotés d'un même moyen d'expression.

Un samedi soir, je me rendis à Montpellier avec la ferme intention de faire le tour des boîtes de nuit jusqu'à ce que je rencontre des travestis. Pour eux, je simulerais l'homme à la recherche de plaisirs sexuels particuliers. Le clinquant d'une enseigne lumineuse et suggestive d'une cave discothèque me fit supposer que j'avais trouvé ce que je cherchais.

J'entrai et descendis un escalier malaisé. Une obscurité persuasive régnait dans une petite salle vide, entourée de loggias prédisposant aux confidences. Je pris place au bar dont les lumières plus que tamisées représentaient l'unique éclairage des lieux. A peine m'étais-je hissé sur mon tabouret-perchoir et avais-je commandé un whisky, que deux créatures de rêve d'un soir venaient prendre place à mes côtés. Soucieux du coût de l'opération, je regrettai de ne pas m'être installé à l'extrémité du comptoir, car il n'y aurait eu qu'une place disponible. L'une d'elles possédait une chevelure démesurée. En ultra-minijupe de lamé, maquillées outrageusement, elles invitèrent ce « client de passage » à abandonner son whisky au profit d'une bouteille de champagne. Sa dégustation s'imposait dans un de ces recoins de la salle où toutes les lois de la pudeur sont abolies au profit de celles, souvent sordides, de la jouissance. Ma timidité classique décupla, car je ne parvenais pas à décider avec certitude du sexe réel de mes compagnes, qui avaient vidé toute la bouteille dans leur verre avant que j'aie eu le temps de boire la moitié du mien. Jamais, en tant qu'homme, je ne m'étais compromis à ce point dans un bar d'entraîneuses. Ces « demoiselles » s'ingéniaient, par des poses provocantes, des conversations excitantes et des manipulations savantes, à provoquer le désir sexuel de leur client. Dans ce métier, elles détiennent des techniques infaillibles pour placer l'homme, en le noyant dans l'alcool, dans une situation où il perd le contrôle de sa raison et se laisse dominer par un intense besoin de sexualité qu'elles savent prolonger jusqu'à l'assèchement complet des verres, des bouteilles, et... de son portefeuille. Mais, avec moi, elles s'aperçurent rapidement que mon sexe ne s'exprimait pas comme celui des autres hommes et que ma raison restait prépondérante. Lorsqu'un autre client pénétrait dans les lieux, elles m'abandonnaient le temps de « plumer » le nouveau venu, puis revenaient me tenir compagnie sans comprendre les raisons qui me poussaient à rester avec elles toute la nuit, en surveillant de près le niveau du champagne dans les verres et les bouteilles. Pour les faire passer aux aveux, il leur fallait une dose légèrement inférieure à celle qui provoque la somnolence infructueuse de l'ivresse.

Ma patience fut récompensée, car, vers cinq heures du matin, « elles » m'avaient montré glorieusement leur sexe d'homme et raconté leur vie. J'apprenais également que pour avoir tant de cheveux, il suffisait d'ajuster trois perruques les unes au-dessus des autres. Ces hommes n'éprouvaient aucune envie ni besoin de devenir des femmes et tenaient essentiellement à avoir des rapports sexuels d'hommes avec d'autres hommes ou, éventuellement, avec des femmes. Ils craignaient que les hormones femelles ne les rendent impuissants et se faisaient adapter des prothèses mammaires pour avoir une énorme poitrine plus recherchée par les hommes. Avec des injections de silicones, ils se façonnaient menton et pommettes. Le fait d'exhiber leur pénis, plus ou moins distendu, en relevant leur jupe et en abaissant leur slip de dentelle leur procurait une excitation maximale qui semblait indispensable à leur sexualité. D'après eux, ils vivaient constamment vêtus d'une minijupe ou d'une minirobe, ce que le climat méditerranéen de Montpellier permettait la majeure partie de l'année. Ils avaient abandonné définitivement le port du pantalon qui faisait naître en eux un état d'inquiétude et même d'angoisse permanent se dissipant miraculeusement dès qu'ils s'habillaient en femme. Ils se barbouillaient la figure avec une bonne couche d'un fond de teint consistant, couramment utilisé pour le maquillage des acteurs de cinéma. Ils dissimulaient ainsi les myriades de points noirs d'une barbe fraîchement rasée. Leur voix d'hommes ne les incommodait pas. Ils chuchotaient dans leur travail et utilisaient sciemment leur voix grave dans la journée de crainte d'être pris pour des femmes qu'ils n'étaient ni ne souhaitaient être. C'étaient des hommes habillés comme des femmes. Pour eux, les vêtements n'avaient aucun pouvoir de détermination du sexe. Beaucoup de femmes portent couramment le pantalon et même des chemises d'hommes, elles ne se font pas appeler « monsieur » pour autant, et elles ne sont pas non plus des travestis féminins. La seule différence qu'ils admettaient entre leur port de la robe et le port du pantalon par une femme, c'est que leurs exigences vestimentaires s'imposaient en tant qu'expression permanente et indispensable de leur sexualité. Le pantalon, pour la femme, à de rares exceptions près, n'a qu'un but pratique, exempt de toute sexualité.

Je raccompagnai mes « amis » jusqu'à leur hôtel pour prolonger le plus longtemps possible une conversation que j'entretins en posant sans cesse de nouvelles questions. Leur gentillesse et leur complaisance envers moi laissaient supposer qu'ils m'avaient adopté. Ils avaient, également, été mis devant un dilemme qu'ils avaient résolu en choisissant ce type d'existence.

Je rentrai le dimanche matin, en roulant aussi lentement qu'un défilé militaire, pour faire le bilan de ma nuit d'insomnie aussi coûteuse qu'instructive. Ma leçon particulière m'était revenue à quatre bouteilles de champagne, et je n'en avais pas bu une entière à moi tout seul.

Un monde me séparait de celui des travestis. Contrairement à eux, je contestais et refusais ma masculinité par incapacité de l'assumer. Je n'étais imprégné d'aucun besoin sexuel et parvenais maintenant à ignorer totalement l'existence de mon pénis qui ne revendiquait plus rien. Je ne concevais de mettre des vêtements féminins que dans un isolement complet et uniquement dans le but d'établir, pendant quelques instants, une harmonie entre mon corps et ma tête. Je préférais le vrai au falsifié.

Mon désir d'honnêteté devenait si profond que je me sentais incapable de continuer à mentir, tant à mes clients et à mes enfants qu'à moi-même. Pourtant, je ne pouvais crier sur les toits ou graver sur mon front : « Je suis une femme mais j'ai un corps d'homme », car je n'étais pénétré d'aucun sentiment de revendication ni d'interpellation. Alors, tout devenait mensonges, chaque jour, à chaque heure et à chaque seconde. En disant : « Je suis une femme », je mentais au monde entier ; en pensant : « Je suis un homme », je me mentais à moi-même.

CHAPITRE II

QUI SUIS-JE ?

Je connaissais mon nom sans savoir qui j'étais. Cette antithèse résuma mon adolescence et la presque totalité de ma vie d'homme. Bien avant mes douze ans, mes camarades jouaient à Davy Crockett ou au capitaine Flint pour lesquels je n'eus aucune affinité. Par contre, Robinson Crusoé fit vibrer en moi une corde sensible. Ce ne fut pas l'homme qui m'attira, mais son isolement, loin de toute contrainte sociale. Les autres garçons jouaient le rôle de leur héros pour apprendre à devenir des hommes, alors que je ne parvenais que très difficilement à jouer mon propre rôle de garçon pour répondre au souhait de mes parents.

C'est avant ma puberté que j'aurais dû m'identifier à celui à qui je voulais ressembler en devenant plus grand. Mon identification, au début, s'effectua par le biais de mon imagination, au cours de mes rêveries dans lesquelles mon héros ne fut jamais ni Tarzan ni Zorro, mais une héroïne sans nom précis, puisque le mien, masculin, s'opposait au sien, féminin. J'avais, alors, passé l'âge de treize ans.

Les garçons de Sparte, ville de la Grèce ancienne, au ve siècle avant J.-C., quittaient les jupons de leur mère, à sept ans, pour être enrôlés dans l'armée. Ce qui signifiait que leur identification ne pouvait commencer qu'à partir de cet âge. J'avais donc au moins cinq ans de retard par rapport à tous les garçons, de l'Antiquité à nos jours.

Plus tard, à la suite de mes études de psychologie, je comprendrai que l'identification est fonction du développement de l'affectivité. A partir de sept ans, le garçon entreprend « la conquête de sa masculinité » qui se terminera vers douze ans par l'acquisition de son identité psychique. Vers neuf ans, il subit une « sexualisation de son affectivité » qui aboutira, entre seize et dix-huit ans, à la possession de son identité sexuelle. La puberté serait donc d'une part physiologique, par la mise en route du fonctionnement testiculaire, d'autre part psychologique, par l'instauration de l'identité sexuelle.

Sur le plan physiologique, il m'est difficile de situer la période où débuta ma puberté. Je me rappelle seulement que, vers seize ans, le coiffeur du village, après m'avoir coupé les cheveux, rasa sans supplément, au blaireau et au rasoir à main, mes quelques poils de barbe commençant à pousser. Mon retard sur ce point n'était pas significatif.

Mais, sur le plan psychologique, ce ne fut pas le fait d'abandonner, vers quinze ans, une culotte courte en gros velours côtelé, portée depuis l'âge de huit ou neuf ans, au profit d'un pantalon, qui pouvait signifier quoi que ce soit. Non, je me réfugiai dans une sorte de passivité bienheureuse et non culpabilisante. Ayant à peine débuté mon identification, qui n'avait aucune raison de se poursuivre et de s'achever puisqu'elle n'était orientée ni vers mon père ni vers un autre homme, je stagnai dans un âge affectif situé entre sept et neuf ans. Je me complus dans une enfance prolongée dans laquelle je n'étais pas malheureux.

Jusque vers vingt et un ans, mon identification persista sous la forme de rêveries toujours orientées sur la femme que je me représentais interdite, condamnée et châtiée au même titre que l'extériorisation de ma féminité. Par contre, je regardais les filles d'une manière qui pouvait paraître obsessionnelle. Mais les raisons de mon comportement n'avaient aucun point commun avec un type de névrose. Mon attirance ne traduisait ni désir sexuel, ni convoitise. Elle se confondait, point par point, avec l'attitude que vous auriez en apercevant, sur une autre personne, un vêtement ou un bijou strictement semblable à celui qu'on vous aurait dérobé quelques jours auparavant.

Vous l'observeriez avec une insistance toute particulière dans l'espoir de trouver le plus minime détail vous autorisant à le reconnaître pour pouvoir crier « Au voleur » et récupérer votre bien. Il en serait de même si vous arrêtiez votre voiture devant un bureau de tabac pour acheter un timbre-poste et qu'en ressortant, vous voyiez quelqu'un s'enfuir à son volant comme la fille qui s'enfuyait avec mon corps.

Les filles m'apparaissaient détenir un bien qui ressemblait étrangement à celui qui aurait dû, aussi, être le mien. Malheureusement, il m'était interdit de le revendiquer et toute manifestation, en dehors d'une soumission silencieuse, aurait entraîné une condamnation pour délinquance ou comportement psychopathologique, ce dont j'avais parfaitement conscience.

Il me fallut souffrir, sans rien dire, dans le désespoir de ne pouvoir être moi-même. J'avais plus de points communs avec la fille qui passait devant mes yeux qu'avec le « jeune homme » dont la société m'avait décerné le titre, puisque c'est ainsi que m'appelaient ceux qui ignoraient mon nom et ne se sentaient pas encore le droit de me dire « monsieur ». Donc, je connaissais bien mon patronyme ainsi que mon prénom qui correspondaient à ce qui était inscrit sur ma carte d'identité, mais ne me sentais pas conforme au sexe masculin comme les autres jeunes hommes. Je n'avais pas d'identité sexuelle, et pas d'identité tout court, puisque mon identification allait dans un sens contraire et ne quittait pas le domaine de l'imagination.

Cependant, mon organe érectile, auquel je n'attribuai qu'un rôle partiel dans la fonction urinaire, manifestait inconsidérément sa présence principalement en fin de nuit, avant mon réveil. Sa distension m'occasionnait des rêves semi-éveillés dont le sujet était comparable à celui de mes rêveries. Mes organes génitaux ne témoignaient d'aucune anomalie physiologique et se révélaient conformes à leur morphologie. Il eût été normal que leurs manifestations se traduisent dans ma tête par « j'ai envie de faire l'amour avec une femme », alors que je percevais très nettement une émulation se traduisant clairement par « j'ai envie d'être une femme ». Non pour avoir des rapports sexuels avec un homme, puisque je ne parvenais pas à me sortir de mon identification débutante et n'éprouvais pas plus d'impératifs sexuels qu'un garçon de huit ans.

Mon pénis s'illustrait d'une façon opposée à mon cerveau. Un matin, je voulus en limiter l'extension en serrant sa base avec une courroie de valise. Mais il en résulta un phénomène quelque peu inattendu : ma première éjaculation provoquée, qui m'effraya plutôt qu'elle ne traduisît ce que d'aucuns appellent « le plaisir sexuel ». J'eus peur de m'être blessé et me jurai de ne plus recommencer. Ce qui venait de se passer devait correspondre à une masturbation, terme dont j'ignorais le sens exact jusqu'à ce jour. Dans les instants qui suivirent, je perçus un soulagement, comparable à celui que procure la première défécation terminant une longue constipation. En plus, je remarquai que mon besoin d'être une fille s'atténuait relativement. Au maximum, ce processus pourrait devenir un moyen de limiter mes élans vers une destinée féminine impossible.

Pourtant, mes vingt et un ans d'âge physiologique associés à mes huit ans d'âge affectif démontraient une discordance dont l'ampleur risquait de s'accroître encore tant que mon identification n'évoluerait pas. Celle-ci devrait, pour progresser, quitter le domaine de l'imaginaire pour entrer dans celui du réel. Passage difficile puisque la femme réelle était certainement encore plus éloignée de moi que celle de mes rêveries. Tout semblait stagner dans mon évolution. Je triplais ma classe de première et la progression de mon affectivité s'était arrêtée au pied d'une sorte de mur infranchissable. Passivement j'attendais je ne sais trop quoi, jusqu'au jour où...

***

Par un bel après-midi de printemps, le métro me conduisit aux Champs-Elysées, et la soif sur une terrasse de café où je commandai un jus de fruit. A la table voisine étaient assises une jeune fille blonde, bouclée, très gracieuse, et une femme beaucoup plus âgée, opulente, maquillée, à outrance, probablement sa mère. Soudain, mon regard obstiné finit par croiser celui de la fille. Elle me sourit.

— Elle doit me connaître, pensai-je.

— Voulez-vous venir boire votre verre à notre table ? demanda-t-elle avec un sourire persuasif.

J'acquiesçai timidement, intrigué de savoir où elle avait bien pu me rencontrer.

— Que faites-vous dans la vie ? ajouta-t-elle.

— Je suis étudiant. Et vous ?

— Je vends des petits pains.

Elle ne pouvait être que boulangère. Je fus rapidement conquis par sa féminité éblouissante et entretins la conversation quelques instants, dans le but inconscient d'essayer de comprendre pourquoi mes apparences me différenciaient d'elle en tout point, alors que mon esprit avait plus tendance à se confondre avec le sien. Au bout de quelques courtes minutes, elle me demanda en se levant :

— Vous venez avec nous ?

Pouvoir la raccompagner jusque devant la porte de son domicile me permettrait, peut-être, d'en savoir plus. Je fis entendre à sa mère que sa présence ne pouvait m'être d'aucun secours. Elle l'admit, sans mot dire, et nous quitta. Tout en conversant, je lui pris le bras, comme si ce rapprochement me donnait la possibilité d'atténuer les dimensions du fossé qui me séparait d'elle. En arrivant devant chez elle, je me rendis compte qu'elle habitait à l'hôtel. Parvenu dans sa chambre je réalisai, non sans déception que si nos âmes pouvaient se confondre, elle pensait pouvoir me démontrer que nos corps ne seraient que complémentaires puisqu'elle faisait le plus vieux métier du monde. Désabusé et quelque peu honteux, je constatai à quel point mon imagination perpétuait en moi une totale inexpérience de la vie. Ma compagne crut bon, en me voyant allongé sur le lit les yeux fermés, de me refaire avec sa main le coup de la courroie de la valise et sans doute autre chose avec sa bouche si j'en traduisis correctement la pantomime de son visage dans les secondes qui suivirent.

Cet incident m'incita à ne plus me contenter de mes seules rêveries comme processus d'identification. Je souhaitais voir la femme et non plus seulement l'imaginer. Mais ma timidité naturelle ne m'autorisait aucun contact avec une femme réelle.

*
**

Par contre, l'image en mouvement du cinéma détermina une évolution considérable dans la féminisation de mon affectivité. Je pouvais voir la concrétisation du côté virtuel de mon imagination. Certains films illustraient des scènes quelque peu comparables à celles de mes rêveries. L'actrice y jouait le rôle de la femme-objet, soumise à toutes les pulsions sexuelles de l'homme.

Un jour, j'eus la chance d'assister à la projection d'un film qui reflétait toutes les caractéristiques correspondant aux composantes de ma vraie nature. Un lord anglais, puissant et pervers, avait eu connaissance d'un écart sentimental de son épouse. Ivre de vengeance et dans une rage témoignant d'un sadisme raffiné, il lui fit subir les plus infâmes humiliations. Puis il l'emmena à Tanger, alors territoire international, pour l'installer dans une ruelle où s'exerçait la plus vile prostitution et où les individus les plus abjects satisfaisaient à peu de frais une sexualité bestiale. Il l'abandonna, vêtue d'une seule combinaison de soie noire, à l'entrée d'une case sombre et répugnante, meublée d'un vieux lit métallique rouillé recouvert d'un matelas crasseux. Cet univers devenait le sien. Il se composait uniquement de son sexe, objet par lequel elle était censée avoir péché, et devenait l'unique raison de son existence désormais dérisoire. Elle devait se trouver en permanence à la disposition de celui qui souhaitait en user et en abuser. Elle se voyait contrainte à se soumettre, sans réticence, pour satisfaire les vices les plus odieux d'une racaille de misérables. Son maître passait de temps à autre, à l'improviste, pour s'assurer qu'elle avait définitivement adopté les attitudes de sa nouvelle fonction.

Elle sera sauvée par un journaliste. Son mari, quant à lui, sera arrêté et traduit en justice.

Ce film racontait l'histoire d'une jeune femme, jolie, intelligente, vivant dans un milieu aisé ; ce que j'aurais pu être si j'étais né fille. Son mari interpréta très mal une aventure insignifiante qui ne témoignait que d'un besoin d'affection inhérent à sa féminité refrénée. Il personnifiait « LA » bonne société, vertueuse, pensant que tous ceux qui s'écartent un tant soit peu du droit chemin sont possédés par le démon du sexe. Elle avait manifesté un désir de tendresse, elle sera condamnée à l'avilissement de la prostitution et obligée à la pratiquer dans un milieu interdit où règnent tous les impératifs sexuels de l'homme. L'histoire de cette femme impossible, imprégnée d'un besoin d'amour impossible, contrainte à une sexualité sauvage dans un milieu impossible, traduisait parfaitement ce que je vivais au plus profond de moi-même.

***

Au début de mes études de médecine, mon identification à la « femme de cinéma » s'orienta vers celle, devenue possible, avec des femmes réelles. En leur présence, je pourrais converser et percevoir un contact charnel. Cette étape traduisit une progression dans la recherche de ma personnalité qui s'effectuerait dans toutes le dimension de l'être vivant : j'en arrivai à la conclusion que ce qui me distinguait irrémédiablement de la femme sur le plan corporel se ramenait à la dissemblance de nos organes sexuels. Différence insurmontable, car je ne connaissais aucune technique susceptible de me laisser espérer qu'un jour les miens puissent être plus conformes aux siens.

Lors de mes pérégrinations dans Paris, j'avais découvert, dans certaines rues, une forte concentration de péripatéticiennes. Je m'y rendais de temps à autre, non pas dans le but classique des hommes normaux, mais pour observer les attitudes et le comportement de ces dames, le sens qu'elles donnaient à leur travail ainsi que leurs façons d'attirer et d'accrocher le client. Leurs manœuvres devaient correspondre à la manifestation d'une expression féminine concordant avec ma personnalité. Le cinéma m'en avait montré différentes images qui m'avaient permis un premier stade d'identification. Allais-je ressentir les mêmes effets en présence de personnages réels ? En d'autres termes, je souhaitais comparer, dans le but d'une construction de ma personnalité, les sensations que me procurerait la femme qui se prostitue par profession par rapport à l'actrice n'assurant que l'interprétation du rôle. Théoriquement, la réalité devait être plus impressionnante que l'image.

Au cinéma, il me suffisait de regarder. Aidé par l'obscurité, je me transposais en lieu et place de la femme que je choisissais pour me représenter. Mais, dans la rue, mon intégration au grand jour s'avérait irréalisable. Pour restreindre la difficulté et me mettre dans la peau de mon personnage, je décidai de procéder comme si un metteur en scène m'avait proposé un rôle de prostituée dans un film. Comme mes apparences s'opposaient au physique de l'emploi, je me « déguiserais en homme » et simulerais l'individu à la recherche du plaisir sexuel. Ainsi pourrais-je observer de près les moindres détails du comportement d'une partenaire qui me fournirait, sans le savoir, une des meilleures démonstrations de mon propre rôle. Par ignorance du but recherché, elle agirait le plus naturellement du monde.

Les rues consacrées à la prostitution sont généralement très étroites, sans doute pour faciliter le rapprochement entre les êtres dont les visées sont complémentaires. Pour cette première tentative, je m'engageai dans le milieu de la rue. Mon champ d'observation serait plus étendu et j'éviterais un accrochage prématuré auquel je n'étais pas du tout sûr de pouvoir résister. La fille qui me servirait de modèle devait être conforme à l'image que je m'étais façonnée pour interpréter le rôle : de taille et de corpulence voisines de la mienne, ni trop vulgaire ni trop guindée, mignonne et alléchante du style « allumeuse toute catégorie » ; la mini-jupe très évasée ; la taille étriquée par un bustier mettant en valeur une poitrine de proportion harmonieuse ; une chevelure blonde, longue, agrémentée d'amples boucles caressant les épaules ; chaussures à hauts talons laquées ou vernies noires, et sac à main assorti.

J'atteignis l'autre extrémité de la rue après avoir reçu un assaut de clins d'yeux accompagnés de gestes persuasifs. Mon cœur battait à rompre ses attaches. Je fis demi-tour pour revenir sur mes pas et parfaire mes observations. Je me sentis sous la domination d'un milieu où la femme en est réduite à la seule expression de son sexe. Je ne parvins que très difficilement à fixer mon choix sur une candidate la plus proche possible des normes prévues, car chacune d'elles détournait mon attention par un détail vestimentaire ou une façon de faire valoir sa spécialité.

Aucune d'elles ne correspondait à celle que j'aurais voulu remplacer. Je finis par choisir celle qui s'en rapprochait le plus.

Je quittai le milieu de la rue et m'approchai de mon « image ». Je la frôlai à deux ou trois reprises comme pour m'assurer que rien d'imprévu ne me procurerait, ultérieurement, une déception. Trop timoré pour établir un premier contact, je souhaitais voir l'objet de mon rêve me happer comme une proie innocente. Je me serais même laissé ingérer sans réagir si ce processus m'avait assuré qu'une fois à l'intérieur de son corps, je pouvais être elle.

— Je vous emmène ? proposa-t-elle.

La gorge nouée, je restai immobile, médusé, incapable de prononcer un mot ou de faire un pas. Mon modèle, grandeur nature, interpréta cette réaction comme celle d'un timide qui n'ose pas formuler les extravagances de son désir sexuel.

— Allez, viens, je te ferai ce que tu veux, ajouta-t-elle en me tutoyant pour faciliter le contact et lever une éventuelle inhibition dans l'énonciation d'impératifs sexuels.

— C'est combien ? osai-je prononcer du bout des lèvres, avec une voix étranglée par l'émotion.

— 5 000 *, mais si tu me donnes 7 000, on restera une heure ensemble et je me mettrai toute nue.

Questions et réponses n'avaient aucun sens dans ce dialogue de sourds que je mis à profit pour prendre le temps de me familiariser avec mon rôle. Celui-ci me paraissait plus facile, plus naturel et plus compatible que celui de l'homme que j'interprétais très mal depuis si longtemps. Le prix de mon intégration, même provisoire, ne correspondait à rien. J'aurais vendu mon corps au diable et mon âme comme esclave pour devenir une femme, même semblable à celles qui sillonnaient ce trottoir. C'est bien leur sexe qu'elles vendent aux hommes qui leur demandent : « C'est combien ? » C'est bien ce même sexe qui les a désignées filles à leur naissance. C'est bien, enfin, ce sexe qui me manquait pour que tout, en moi, soit en harmonie. Mais il n'était pas à vendre de la façon où je l'aurais

---

* Anciens francs : francs d'avant 1960.

souhaité, comme une jupe ou un corsage s'adaptant à un corps en lui donnant une allure plus féminine.

— Allons-y ! me bornai-je à dire.

Où ? Comment ? Pour quoi faire ? A quel prix ? Pour combien de temps ? Autant de questions qui ne signifiaient rien puisque je connaissais la frontière entre le réel et l'imaginaire et que je savais que je ne ressortirais pas de ces lieux métamorphosé en une femme semblable à celle qui me précédait en entrant dans l'hôtel.

C'était un vulgaire hôtel de passe, dont les peintures paraissaient dater de la création du métier. La propreté s'apparentait à celle des Halles avant que ne passe le service de nettoyage.

Sur les instructions de ma démonstratrice, je réglai le prix de la chambre à un guichet semblable à celui du PMU à l'entrée d'un champ de courses. J'ajoutai un pourboire certainement plus confortable que ne l'indiquait le nombre d'étoiles sur la porte de l'immeuble. Puis je m'engageai dans un escalier dont l'étroitesse et la pente faisaient penser à une échelle de poules. En suivant mon hôtesse à trois ou quatre marches d'écart, j'étais soumis aux effets de la minijupe, calculés pour que le client ne se lasse pas des cinq ou six étages à gravir obligatoirement pour parvenir au sommet... de la jouissance. Sous l'ombelle du cotillon, j'aperçus nettement les jarretelles de dentelle noire qui s'enfuyaient vers la taille. Maintenant les bas, elles délimitaient des zones de chair nue pour lesquelles plus d'un homme fut précipité dans la Seine du haut de la tour de Nesle.

J'observais formes, mouvements et couleurs, conçues dans le but exclusif d'intensifier le désir sexuel et d'amenuiser les réticences matérielles du client. L'un d'eux descendait. Sa compagne ne le reconduisit pas jusqu'à la sortie, ce qui me choqua car, pour moi, « l'après » semblait plus important sur le plan affectif que « l'avant » et « le pendant », dominés par l'égoïsme. D'autre part, la mine perplexe et quelque peu défaite du conquérant sortant ne témoignait pas de son accession au sublime plaisir.

Parvenu dans la chambre, une odeur âcre me prit à la

gorge. Les rideaux tirés obscurcissaient totalement la pièce, sans doute pour qu'on ne se rende pas compte de la saleté des lieux. A moins que cette coutume ne soit dictée par l'idée que « faire l'amour » est plus enivrant la nuit, comme le suppose les locutions : nuit de noces, nuits d'amour, les mille et une nuits... La saleté peut freiner les désirs d'un homme, alors qu'une odeur particulière engendre souvent une ambiance d'érotisme, de luxure ou de vice.

Assis sur un coin du lit, j'avais conservé mon imperméable et observais les dernières grandes manœuvres accomplies par la fille qui avait enlevé sa jupette et son slip d'un coup de pouce et s'affairait au-dessus du bidet. Pensant détendre l'atmosphère, elle chantonnait un air sans paroles. Puis, elle s'approcha de moi en s'épongeant, tout en imprimant à son corps des mouvements lascifs dignes de la plus parfaite mécanique ondulatoire. Elle interrompit brusquement sa romance et s'exclama étonnée :

— Tu ne te déshabilles pas ?

Et, sans attendre la réponse, car elle s'était déjà habituée à mon mutisme, exaspérée aussi par ma façon de la regarder avec « des yeux de poisson », elle accéléra la procédure :

— Tu me fais mon petit cadeau ?

Plus habitué au financement *a posteriori* des leçons particulières, je ne m'attendais pas à cette question insidieuse qui troubla momentanément mon identification.

— C'est combien ? redemandai-je, sans désir ni conviction comme si un agent de police venait de me dresser une contravention.

— C'est 8 000 mon chéri, supposant que son client n'avait pas de mémoire.

Je réglai ma commande sans en avoir préparé le montant antérieurement. La vendeuse, quelque peu fouineuse, s'aperçut que mon portefeuille n'était pas mis à sec.

— T'es pas généreux ! ajouta-t-elle, en faisant la moue. Tu me donnes encore 5 000 et je vais te rendre heureux comme tu ne l'as jamais été.

Tout en proposant ses services complémentaires, elle plaça sa main dans un endroit censé faire capituler un régiment de hussards.

Je lui tendis encore 2 000 francs qui durent la satisfaire puisqu'elle enleva sa main. Je venais d'assister à la plus fantastique démonstration de la méthode à suivre pour vendre son sexe à un homme tout en le conservant à soi. Je me levai lentement, comme au cinéma lorsque le mot « Fin » apparaît sur l'écran. Un sourire de contentement pointa sur mes lèvres, dissimulant mes remerciements adressés à mon professeur, pour cette leçon normalement payée, selon la règle inspirée par la tête du client.

Cette « belle de nuit » qui travaillait le jour, voyant que je me levais et regardais la porte, sembla être envahie par un remords de conscience professionnelle.

— Je ne te plais pas, tu ne veux rien de moi ?

— J'ai obtenu tout ce que j'attendais de toi. Je te remercie, tu es parfaite.

Mais je n'osai ajouter : « ... et j'envie ta féminité. »

***

Les années et les succès universitaires se succédaient normalement. Bien que je ne me sentisse pas un père, je connaissais la plupart des responsabilités. J'organisai pour ma petite famille, composée de mes deux premiers enfants et de leur mère, des vacances d'été au bord de la mer, sur les plages de La Baule-Pornichet. Avec mon fils, je construirais des châteaux de sable que les vagues de la marée montante viendraient régulièrement détruire. Un château fort symbolise, en quelque sorte, la puissance et la sécurité qui ne représentent rien dans la mesure où il a été construit avec des matériaux friables sur un sol mouvant.

Généralement, la plupart des individus de l'un ou l'autre sexe apprécient le farniente sur la plage, agrémenté des caresses du soleil. Ce désœuvrement prolongé induisait chez moi une tension intérieure semblable et aussi tracassante que celle que je percevais tout au cours de l'année, lors d'un travail intellectuel intensif, qui me poussait irrésistiblement dans « la rue des femmes interdites » où je parvenais à être un peu moi-même et à ressentir un réel apaisement. Ici, pourtant, aucun effort intellectuel ne la suscitait. Elle n'était donc pas provoquée par une fatigue ou une difficulté à vaincre. Cette sensation désagréable provenait bien d'un malaise profond dont je percevais les manifestations aussi bien lors d'une lassitude que lorsque je n'avais rien à faire, ayant ainsi le temps de penser. Un travail acharné supprimait la seconde de ces périodes et réduisait d'autant mon incarcération dans ma peau d'homme.

Le soir, alors que toute la famille se disposait à s'endormir, je partais. La nuit favorisait la création d'un monde surnaturel dans lequel la société classique, celle qui juge et impose ses exigences, n'existait plus pour moi. Je pouvais, alors, choisir un monde qui me convenait que j'isolais à l'aide des murs de l'obscurité. Le cinéma en avait représenté un qui ne me tentait plus. Je jetai mon dévolu sur les bars pour marins en escale dans le port de Saint-Nazaire, transformés en havres de paix à la fin d'une journée au cours de laquelle ma nacelle avait affronté les pires tempêtes.

Aline, une jeune femme blonde, personnalisait l'un de ces lieux, signalé à l'extérieur par les trois lettres *B, A, R,* qui surgissaient de la pénombre en lumière rouge. Son sourire, ses yeux bleus rassurants, un contact aisé, une élégance recherchée lui attiraient les confidences, pour ne pas dire les confessions de ses hôtes, pour la plupart des marins éloignés de leur source d'affection. Très spontanée, elle savait entretenir dans son bar une atmosphère chaleureuse et de respectabilité. Cette Aline détenait le don de dissiper la tristesse et l'ennui en distribuant les quelques mots que, seule, une femme, par intuition, sait choisir et prononcer au moment propice pour apporter à chacun un peu de chaleur et de réconfort. Dès mon arrivée, je pris place à une table quelque peu éloignée des allées et venues. Je commandai un whisky que je diluai à profusion, et ne quittai plus des yeux Aline jusqu'à l'heure de fermeture au petit matin. Deux chansons en vogue alimentaient, en permanence, une boîte à musique. Christophe criait son amour à une autre Aline « pour qu'elle revienne », et Alain Barrière triomphait avec *Ma vie.*

Chaque nuit je revins m'asseoir à la même place et m'imprégnai d'une nature féminine qui aurait pu, beaucoup plus facilement, être la mienne. Au fil des heures, je devenais un peu Aline. Ses attitudes, ses expressions se dessinaient dans ma tête comme un portrait gravé dans le sable de la plage. Mais à l'aube, à la manière des vagues de la marée montante, le jour naissant dissipait un à un les traits de son doux visage.

Mon esquisse d'identification s'estompait alors que les lumières de la ville s'éteignaient. En quittant ce lieu dit « de perdition » dans lequel, au contraire, je me retrouvais, j'éprouvais le plus profond désarroi. Peut-être celui que ressentait aussi Alain Barrière en chantant : « Ma vie, qui fout le camp. » A aucun moment de la nuit le sommeil ne me gagnait. Je rentrais, apaisé, au petit jour, à la maison de vacances où tout le monde dormait.

***

Par une sorte d'instinct surnaturel, j'avais accompli dix années d'études dont le but réel avait consisté à tenter de me comprendre et à sortir de mon ghetto, plus qu'à guérir des malades. Il me paraissait difficile d'être médecin sans avoir connaissance de mon identité. Parfois, une petite phrase d'un de mes chefs de clinique, lors d'un premier cours à l'hôpital, resurgissait à mon esprit : « Le médecin n'est ni un homme ni une femme, c'est un médecin. » Elle devait faire comprendre aux élèves les impératifs de la personne morale du médecin. Je crus que ces termes m'ouvraient à deux battants les portes imposantes de l'exercice de la médecine générale. Devenu médecin, il ne m'était plus indispensable de savoir si j'étais un homme ou une femme ! Le sexe de médecin, sorte de sexe surnaturel, était censé surpasser les deux autres en les rendant superflus.

Au cours de ma dernière année d'études, le jour des Rois, un petit prince voyait le jour. Troisième de sa génération, il arriva dans un véritable palace que ne connurent pas son frère et sa sœur aînés. Son berceau avait trouvé place dans une petite pièce à côté de la chambre à coucher de ses parents. Dès la première nuit qui suivit sa sortie de clinique, un événement extraordinaire et imprévu se passa. Vers trois heures du matin, le petit ange se mit à pleurer. D'un bond, je me levai pour le prendre dans mes bras et le serrer contre ma poitrine. Seul son petit estomac, tenaillé par la faim, pouvait engendrer un malaise à l'origine de ses larmes.

Je préparai activement son biberon, pris mon enfant sur mon bras gauche en lui orientant légèrement la tête dans le sens de l'allaitement naturel. Je lui présentai la tétine qu'il happa avec des mouvements instinctifs de succion. A cet instant, assis sur un fauteuil du salon, je ressentis qu'un miracle se produisait. Je nourrissais mon bébé dans la plus parfaite communion de deux êtres qui se confondent en un seul et dont l'un et l'autre ne sont plus qu'une partie d'un tout. Ainsi que ma mère avait maintes fois réuni son corps et le mien par un « lien nutritif » semblable au cordon ombilical, je réintégrai celui de mon bébé dans le mien, comme s'il devait y poursuivre une gestation qu'il n'avait pu débuter seul. Pendant la tétée, je pris conscience de la réalité de mon instinct maternel induit par ma mère. Insensiblement, je perpétuai, avec mon enfant, la situation du contact charnel qui permet au nouveau-né de ne pas ressentir trop brutalement les agressions qu'à chaque instant la vie lui prépare.

Je reçus son premier sourire, après lui avoir tapoté le dos pour provoquer ses renvois. Chaque nuit, mieux que l'auraient provoqué le rêve, l'image ou l'imitation, je devenais une mère dans sa fonction naturelle la plus spécifique et la plus démonstrative, celle où elle allaite son bébé. Cette transfiguration ne durait que le temps de le prendre, de le nourrir et de le recoucher en réitérant le rite traditionnel d'une chansonnette protectrice dont les bienfaits se prolongent tout au long de la nuit.

Cette identification me démontra que la notion de « sexe de médecin » traduisait une aberration et que le sexe d'un être humain n'existe que dans l'harmonie de sa vraie nature. En conséquence la mienne ne pouvait être que féminine.

***

J'appréciais toujours ce qui se passait la nuit. C'est alors que je détectais le plus grand nombre d'éléments entrant dans la composition de ma nature. C'est également la nuit, ou dans l'obscurité, que je parvenais à me transposer dans un monde où j'avais une place. Le cinéma, les nuits de Saint-Nazaire, mes nuits de « mère d'un bébé » ont toutes été déterminantes pour mieux me comprendre. Alors que je me retrouvais dans la nuit, la société dans laquelle je vivais caractérisait plus le jour. Le jour et la nuit ne peuvent se confondre.

En tant que médecin généraliste, je pratiquais de nombreux accouchements, tant à domicile qu'en clinique. J'assistais ma cliente dès les premières contractions, et jusqu'à l'instant où je lui confiai son bébé pour qu'elle le serre contre son cœur. Tout se passait comme si je souhaitais dire à ce nouveau-né : « Ne t'inquiète pas, la séparation s'est produite un peu rapidement, mais le contact maternel n'est pas rompu ; ta peau et la sienne ne font qu'un, ses bras, en t'enlaçant, te protègent et façonnent ta sécurité sur laquelle se greffera ton assurance de vie. »

Lorsque j'annonçais, le lendemain : « Mon accouchement de cette nuit s'est bien passé », ou « J'ai mis au monde un enfant », ces expressions ne signifiaient pas exactement la même chose pour moi et pour celui qui m'écoutait. J'accouchais en symbiose avec ma cliente. Je lui tenais la main pour ressentir, en même temps qu'elle, le début d'une douleur que j'adoucissais par des mouvements circulaires sur son ventre, à l'aide de mon autre main, pour ne pas rompre une communion établie avec la première. Ma mère avait calmé ainsi mes souffrances abdominales lorsque j'étais petit. Je n'admettais pas que quiconque parle de quoi que ce soit d'autre en dehors de ce qui concernait la naissance du bébé.

Les accouchements ont aussi, le plus souvent, lieu la nuit. Ma profession me donnait, alors, la possibilité de mettre au monde un enfant « par procuration ». Mon identification se resserrait encore, dans le sens d'une adaptation spontanée à une totale féminité. Malheureusement, plus je constatais que tout ce qui aimait vivre en moi ne correspondait pas à mon genre masculin, plus le choc en retour du quotidien me devenait insupportable. Au sortir de la clinique d'accouchements, les portes d'un paradis terrestre se refermaient derrière moi. Je quittais ce jardin d'Eden avec le même sentiment de désillusion et de désenchantement que lorsque le premier homme de la Genèse dut quitter le sien, après sa désobéissance. Je me sentais désemparé d'être chassé d'un lieu si bien adapté à ma personne.

Tel un criminel, interdit de séjour et déchu de ses droits, je me retrouvais, désabusé, assis dans ma voiture, les avant-bras appuyés sur le volant, sans pouvoir introduire la clef de contact. Revenir chez moi, retourner me coucher, recommencer dans quelques heures le train-train de tous les jours, me semblaient totalement impossible sans transition. Personne ne peut passer d'un état ou d'une situation à une autre, radicalement opposé, que ce soit de la mer à la haute montagne ou de l'équateur au pôle Nord ou encore de la richesse à la ruine, sans un processus d'adaptation.

J'éprouvais le besoin impérieux qu'on me démontre que ma conviction d'être plus une femme qu'un homme n'était qu'un mirage, et que d'aller dans cette direction m'entraînerait, inéluctablement, vers la mort, comme les naufragés du désert. Seules, les « belles de nuit » détenaient ce pouvoir magique.

Vers trois heures du matin, je me rendais dans « mon » milieu, dans « ma » rue pour me transposer dans « mes » conditions de femme impossible et interdite. Je m'y assimilais psychologiquement, dans le sens que possède un organisme vivant qui reconstitue sa propre substance, en l'occurrence mon esprit, à partir d'éléments puisés dans le milieu ambiant. Celui des « filles perdues », des « femmes fatales », des « traînées », des « pouffiasses » et des « putains », illustrant la corruption, la dépravation, le vice et la perversité dans la déchéance et l'avilissement, semblait m'indiquer le seul chemin à suivre si je souhaitais persister dans le besoin d'exprimer ma féminité. Quel contraste, quelle décadence et quelle dégradation devais-je m'infliger pour parvenir à renoncer au désir de m'élever au rang de femme normale : de celle qui enfante et qui allaite, de celle qui berce et qui sécurise son bébé en lui chantonnant une prière, de celle qui se donne à l'être qu'elle aime et qui engendre la vie par amour.

Puisque mon accession au normal et au naturel s'avérait, une fois de plus, impossible, je me sentis projeté dans cet autre impossible incarné par une prostituée.

Parvenu dans la chambre et selon ma coutume, je

m'assis au bord du lit sans avoir l'air de vouloir me déshabiller, et sans prononcer un traître mot.

— Tu ne veux pas faire l'amour ? interrogea-t-elle.

Ce qui voulait dire : tu n'es pas un type qui s'exécute comme les autres, il te faut des « fioritures ».

Je ne répondis pas. Je ne savais comment traduire mes pensées, pour pouvoir formuler les raisons qui m'avaient entraîné dans cette situation de destruction aussi sûrement que l'épave de la carrosserie d'un véhicule voué à la démolition. Mon mutisme incita ma Messaline à énumérer la liste de ses compétences, dont l'étendue témoignait d'une longue expérience dans un domaine où seule la loi des grands nombres permet de connaître les plus rares exceptions. Sans l'avoir sollicité, j'assistai à un cours magistral de sexologie omnipotente. De même qu'il m'était impossible de me définir moi-même, je ne m'attribuai aucune des techniques suggestives indispensables à certains hommes pour parvenir à la jouissance. « Si j'étais un homme, pensai-je, je ne serais pas ici en ce moment, avec cette femme qui tente, par tous les moyens, de valoriser un organe qui me déprécie et dont les libertés me dépriment. »

— Si mes suggestions ne te plaisent pas, poursuivit-elle, dans un esprit de coopération, c'est qu'il te faut des saloperies. Mais ça, je ne peux pas, ça me fait dégueuler. Si tu veux, j'ai une copine à qui ça fait rien, je peux la chercher ?

Je la sentais si loin de mes pensées que rien me parut susceptible de m'aider à énoncer le but de ma visite. Comment lui dire que je n'étais pas là pour qu'elle s'intéresse à mon sexe ? Elle ne pouvait le deviner. Personne, encore, ne s'était adressé à elle pour lui demander ça. Ce « ça » qui représentait la femme que j'étais virtuellement par opposition à « moi l'homme », véritable contrainte par corps. Tout jeune garçon, en me disant : « Je vais penser à ça », cela signifiait : « Je vais penser à la fille que je suis. »

— Bon, si tu ne sais pas ce que tu veux, je fous le camp, dit mon égérie en calculant que le temps correspondant à la somme versée au départ était écoulé et que, dans de telles conditions d'inhibition, il était illusoire de quémander un acompte supplémentaire.

Voyant que le désagrément d'une perte de temps et d'argent allait s'ajouter à celui des échecs d'une nuit mouvementée, je m'enhardis à murmurer :

— Je voudrais...

— Quoi, dis-le, enfin !

— Je voudrais que...

— Tu accouches, oui ?

Ce mot consacré me résonna aux oreilles comme un sacrilège qui m'incita à poursuivre sans plus attendre mon injonction pour en couvrir les éventuels effets de résonance.

— Je voudrais que tu me mettes tes vêtements..., annonçai-je brusquement sur le ton de la phrase que l'on répète cent fois, tout seul, pour se donner le courage de la prononcer le moment voulu à la manière d'un automatisme.

Pour la première fois, devant une tierce personne, mon âme venait de se dévoiler en prononçant les mots qui la définissaient.

— Tu n'y penses pas, s'exclama-t-elle, tu vas me les déchirer. Si tu veux que je t'habille en fille, apporte, la prochaine fois, ce qu'il te faut.

Cette réponse négative ne me déçut pas, je m'y attendais. J'avais obtenu ce que j'étais venu chercher dans ce lieu contraire au bon sens et la morale. Le jour se levait et dissipait, avec la nuit, mes illusions qui, comme les mirages, se classent avec les hallucinations morbides d'une réalité. Je me sentis plus épuisé par l'effort nécessité par ma révélation que par le manque de sommeil. Cependant, le pas que je venais d'accomplir instaura une trêve dans ma lutte perpétuelle. Je pus reprendre mes activités quotidiennes sans être bouleversé par mes épreuves de la nuit...

Je voulais être une fille : « Tu n'y penses pas !... » m'avait-on répondu. Cette réponse me remettait à ma place et démontrait le ridicule de mon désir. Le « apporte ce qu'il te faut... » confirmait le non-sens de ce que je souhaitais. Si j'avais eu ce qu'il me fallait, jamais je n'aurais manifesté le besoin de le rechercher. Et même, en supposant qu'une prostituée m'ait habillé avec ses vêtements, ait perfectionné le déguisement en m'adaptant une perruque et en me maquillant... Et même, si j'avais pu compléter ma requête en osant ajouter : « ... et fais-moi faire le trottoir à ta place », je me serais immanquablement heurté à la démonstration d'une absurdité. Toutefois, dans le fond de ma pensée, j'aurais même souhaité devenir « fille de joie », « fille des rues » ou « fille publique », uniquement pour que le terme « fille » entrât dans ma propre définition.

***

Alors, je compris vraiment que ma personnalité était empreinte d'une intense féminité. Seulement, je ne pouvais devenir femme. Tout au plus, pensais-je, je ne pourrai que jouer à la femme, un peu comme la fillette qui joue à la maîtresse d'école. Mais, si ce jeu m'accordait quelques instants de bien-être par le biais d'une personnalisation mieux adaptée à ma nature, il risquait aussi de me laisser entrevoir une destruction inéluctable dans le temps. Ce serait, en effet, le jeu de la vérité, et ma vérité m'imposerait un jour ou l'autre l'anéantissement total de l'homme que je croyais être depuis mon enfance.

Mourir pour vivre ? Comment est-ce possible ? N'est-ce pas la résurrection annoncée par le christianisme ? Mais je ne veux pas ressusciter dans un autre monde alors que je n'ai pas encore pu vivre dans celui dans lequel je suis né !

Au début du mois d'août, ma mère, malade depuis plus de dix ans, décéda. Sa mort mettait fin aux intolérables souffrances que provoquent raideurs et contractures progressives de tous les muscles du corps par dégénérescence, les unes après les autres, de toutes les cellules du système nerveux. En apprenant la nouvelle, la traditionnelle tristesse qu'engendre la disparition d'une mère se commua en un soulagement que l'on ressent lorsque cesse un effroyable supplice. N'est-ce pas dramatique de sentir mourir chacune des parties de son corps alors que sa tête reste vivante et consciente jusqu'à ce que la dernière goutte de sang lui parvienne ?

Sa vie était devenue impossible parce que personne ne savait soigner cette atroce maladie. Les médecins en avaient décrit les manifestations, mais semblaient totalement en ignorer les véritables origines.

Jusqu'à ce jour une symbiose persista entre elle et moi. Elle constituait une partie intégrante de ma personnalité étouffée, et c'est probablement en devenant un peu ELLE, que je m'étais senti métamorphosé en une mère allaitant son bébé.

Lorsqu'une mère quitte le monde où elle a donné la vie à ses enfants, elle entraîne dans sa tombe une partie de chacun d'eux. Le fait que je l'avais déifiée avant qu'elle ne meure, me rendait sa disparition moins dramatique. Sa dernière image serait maintenant définitive puisque rien ne pourrait plus y apporter une quelconque modification.

En montant dans un avion de la ligne régulière Montpellier-Paris, plus sûr et plus rapide que le mien, une sensation floue et bizarre me tracassa. J'arrivai de bonne heure à Orly, et la navette me déposa aux Invalides. L'enterrement n'avait lieu que l'après-midi, vers quinze heures. Il était à peine plus de dix heures. Théoriquement, il paraissait familialement normal que j'aille rejoindre mon père et mes frères et sœurs que je n'avais pas revus depuis plus d'un an. Irrésistiblement, je me sentis attiré vers la rue des prostituées dans laquelles je m'étais si souvent imprégné de féminité. Au cours des trois années précédentes, seules les hormones de la femme m'avaient révélé, quelques instants, ma vraie nature. Mais leurs effets bénéfiques s'étaient totalement dissipés. Puisque cette vraie nature, conçue par ma mère à son image, ne pouvait être que féminine, ce n'était pas son fils qui devait l'accompagner à sa dernière demeure. mais sa fille.

J'avais le temps de revivre une scène désormais rituelle, dans laquelle je parvenais à réaliser ma transfiguration symbolique. Une jeune femme m'attira par son sourire paisible. Gentille, calme, ni provocante ni dominatrice, elle me permit de prendre le temps nécessaire à mon identification. Cette fois, je ne restai pas muet. Ensemble nous conversâmes comme si nous nous étions rencontrés plusieurs fois. Elle sembla comprendre que la douceur des propos de son client signifiait qu'il n'était pas là dans un but sexuel. Elle me parla de sa fillette de onze ans, actuellement en colonie de vacances. Elle ne travaillait dans cette rue que la journée, pour pouvoir retrouver sa fille tous les soirs, lorsqu'elle rentrait de l'école en période scolaire.

Le calme et la spontanéité de l'entretien m'imprégnèrent d'une féminité si naturelle que je lui annonçai sans crainte ni émotion :

— J'aurais dû être une femme comme vous !

— Votre douceur est déjà très féminine, me répondit-elle comme si son intuition de mère l'habilitait à saisir le message que je lui adressais par transmission de pensée ; car je n'osai le formuler ainsi : « Permettez-moi, je vous en prie, d'être totalement empreint de votre féminité pendant quelques heures, pour que ma mère sache, lors de son dernier voyage, que je suis réellement sa fille et aussi femme que vous. »

J'arrivai bien avant l'heure fixée dans la petite chapelle de l'hôpital où le cercueil avait été déposé et recouvert de fleurs. Après la fin de la cérémonie religieuse, ma sœur aînée me rejoignit, comme si elle percevait qu'une sorte de miracle s'était opéré en moi. Elle m'annonça, le plus naturellement du monde : « Il n'y a qu'une place dans le corbillard, à côté du cercueil de notre mère ; c'est à toi qu'elle revient, car c'est toi qui as toujours été le plus près d'elle. »

Devant sa tombe, je ressentis, à nouveau, la même sensation qu'au départ de l'avion de Montpellier. Maintenant, elle se précisait. Seul le corps de ma mère allait être enseveli. La vie qui avait imprégné les cellules de son cerveau semblait s'être transposée dans les miennes. Serait-ce une sorte de réincarnation qui commençait à se manifester en moi, me demandai-je avec effroi ? Une première étape paraissait s'être accomplie en ce sens. Et si mon corps d'homme pouvait se transformer pour correspondre à mon âme ? Si l'impossible, l'inconcevable, l'irréalisable parvenaient à perdre, un jour, un peu de leur négativité absolue ? Et, si je pouvais subir, dans le temps, une sorte de métamorphose ?

Alors que ma mère recevait ses dernières roses, et que la terre commençait à recouvrir son corps, je songeai que s'il était certain qu'un tel miracle puisse se réaliser dans l'avenir, je ferais, à cet instant même, ce serment solennel : « JE SERAI ELLE. »

Jamais je ne retournerais sur sa tombe : je souhaitais entretenir cet espoir insensé, mais maintenant peut-être moins totalement absurde : « Un jour, elle se réincarnera en moi. Je deviendrai femme à son image. Elle revivra en moi. »

Que s'est-il passé le jour de l'enterrement de ma mère ? Etait-ce une fin ou un commencement, une mort ou l'annonce d'une future nouvelle naissance ? Qui aurait supposé qu'il n'y eut, en réalité, qu'une continuité ?

Pour le comprendre, j'attendrai encore douze années, à la fin desquelles je déroulerai, sous mes yeux, la carte du champ de bataille de mon existence affective. En faisant abstraction de la notion de temps, je constaterai les faits et les jugerai dans leur ensemble.

Mon identification aurait dû, normalement, s'effectuer dans le sens du garçon vers l'homme. Mais dès que j'ai éprouvé la nécessité de la rechercher, avec un retard conséquent, elle s'est orientée vers une féminité correspondant à ma féminité constitutive, indépendante de toute influence extérieure. Ma mère n'en fut l'auteur que par l'action de ses hormones au cours de ma vie fœtale et par la transmission d'une structure génétique seule responsable de mon incapacité à me masculiniser.

C'est pourquoi, tout d'abord, j'ai recherché et perçu mon identité future dans mes rêveries. Puis, successivement, je l'ai observée dans l'image en mouvement des représentations cinématographiques. Je l'ai touchée avec les femmes de la rue. Je l'ai éprouvée avec une femme, Aline. Je l'ai vécue dans le rôle d'une mère qui allaite son enfant. Je l'ai sublimée dans celui d'une mère qui met au monde un enfant. Et, enfin, je l'ai transcendée dans l'idée de faire revivre ma mère en moi.

Depuis le jour de son départ, je n'ai plus recherché l'aide d'une prostituée pour les besoins de mon identification. Un tel artifice ne se justifiait plus, puisque, inconsciemment, je n'eus plus de doute sur la voie dans laquelle j'allais, inexorablement, m'engager. Mais avant de faire un seul pas dans cette direction aboutissant à une parfaite connaissance de ma véritable identité, je devais détruire un avoir d'homme, sans même savoir s'il me serait possible, par la suite, de construire un être féminin concordant à ma féminité cérébrale. Instinctivement et sans que quoi que ce soit s'organise dans mon esprit, la destruction de l'homme commencera au cours du mois suivant pour ne s'achever, presque jour pour jour, que dix ans plus tard. J'entreprendrai les fondations de ma féminisation corporelle quatre ans avant la fin de cette longue période.

La maladie de ma mère s'était inscrite dans mon inconscient comme une entrave à ma vie. Devenu femme, je n'aurai de cesse d'en rechercher la cause encore inconnue, ainsi que le moyen de l'éviter ou, éventuellement, d'en stopper l'évolution. Comme s'il m'était encore possible de guérir ou de voir ressusciter celle qui m'avait donné la vie. C'est au cours de la construction de ma vie de femme que je découvrirai, par intuition et logique, les origines de ce mal qui provoqua ses souffrances et sa mort. J'établirai un traitement susceptible d'éviter, à ceux qui en présentent les premiers symptômes, le calvaire que furent ses dernières années.

Mais qui a pu si minutieusement programmer cet enchaînement méthodique des multiples maillons de mon existence ?

Est-il vraiment nécessaire qu'il ait un nom ?

CHAPITRE III

DETRUIRE L'HOMME EN MOI

Je commençai par détruire mon « avoir » d'homme.

Si l'effet antipoison des hormones femelles fut rapide et remarquable, la fin de leur action fut lente et imperceptible. Mes glandes mâles démontrèrent que si elles avaient perdu une bataille, elles n'avaient pas perdu la guerre. A la manière des termites, leur sécrétion libérée commença lentement à ronger l'édifice harmonieux construit par les estrogènes. Et par un enchantement digne des sorcières de Salem, Martine revenait, comme s'il existait une liaison étroite, indispensable et parallèle entre la réapparition de mes hormones mâles et la sienne.

Elle devait se sentir à l'aise dans l'atmosphère asphyxiante de l'air conditionné dans lequel je vivais depuis ma naissance. Si ma tentative de traitement hormonal s'était poursuivie, il n'y aurait jamais eu de retour, pas plus des « termites » que de Martine. Elle devenait aussi toxique que mes productions testiculaires, véritable bourreau hormonal auquel venait s'associer un bourreau social.

Par un interrogatoire orienté, elle avait eu connaissance de mon attirance pour les vêtements féminins et leurs effets culpabilisants. Réceptive à mes confessions ou excitée de me voir travesti, elle profita d'un séjour de vacances à Palavas-les-Flots, autrement dit Montpellier-plage, pour vérifier tant mes dires que ses impressions. Elle me fit déambuler dans un faubourg de la ville en minijupe, chemisier froufroutant et perruque à longs cheveux blonds. Le regard curieux et moqueur des gens me fit comprendre l'incompatibilité d'une fausse féminisation avec une insertion sociale quelconque. Il me semblait aberrant de penser que, parachuté sur la terre le jour de ma naissance avec un organe à géométrie variable entre mes jambes, j'avais été condamné, un certain dimanche de novembre, aux galères à perpétuité. Il fallait peut-être mieux que mon bagne soit intérieur et caché que dévoilé au public comme l'est un monstre dans les foires.

Pendant ses vacances, Martine m'avait tenu, à la manière de Méphistophélès, une succession de propos pouvant se résumer ainsi : « Je suis en vacances, non loin de chez toi, je souhaiterais te revoir ». « Viens dîner un soir au restaurant avec moi »... « Je t'ai apporté quelque chose qui te plaira sûrement »... « Viens dans le bungalow où je suis, j'ai une robe, une perruque et des chaussures à talons pour toi. Tu les mettras et je t'enverrai faire des courses dans les rues de Montpellier »... « Tu m'as obéis, tu vas continuer »... « Je viens vivre avec toi. »

C'est ainsi qu'à la fin d'une belle journée du début du mois de septembre, Martine me rejoignit avec armes et bagages ainsi que ses trois enfants.

Depuis le début de l'été, je projetais de m'installer dans les Alpes-de-Haute-Provence. Cet objectif dut être déterminant dans la décision de Martine. La maison affectée au médecin était de construction récente et suffisamment spacieuse pour accueillir une grande famille. Une pharmacie installée à côté du cabinet médical dépendait du médecin. Cette fonction s'était déjà révélée très bénéfique à celle qui l'avait exercée auparavant. Le déménagement eut lieu en octobre. En novembre, mon fils aîné, âgé de quinze ans, en proie à de graves problèmes avec sa mère, venait vivre avec nous. Il serait interne au lycée de la ville située à plus de vingt kilomètres.

Ebloui par mes espoirs, mirage d'une oasis aperçue par un individu mourant de soif, perdu dans le désert, je m'étais aveuglément élancé en direction de cette source de vie. Martine m'avait fait miroiter une existence de femme soumise en dehors de celle de l'homme accomplissant son métier. Etait-elle d'une nature dont la sexualité ne peut s'exprimer qu'avec un homme transformé en femme pour les besoins du moment ? Je commençais à en douter. Depuis Montpellier, elle n'avait plus tenté une quelconque mise en scène pour m'introniser dans un système féminin valable.

Je me sentis dupé. La petite robe n'avait représenté qu'un amorçage, un faux mirage sans image réelle. Je pensais que mon association avec Martine me procurerait quelques instants de sensations harmonieuses alors qu'elle susciterait en elle un intense désir sexuel. Mais, au contraire, elle fut rapidement persuadée que mes tournées médicales, longues et épuisantes, correspondaient à quelques visites de clients, mais aussi à la rencontre de clientes atteintes de lascivité aiguë ou chronique qui m'attendaient, étendues sur leur lit dans un déshabillé suggestif. Elle sentit monter en elle un violent sentiment de jalousie fondé sur des hypothèses illusoires. Jamais elle ne supposa que la « réduction de ma puissance virile » entreprise dans l'Aveyron se manifestait encore.

Mon désespoir augmentait parallèlement à la jalousie de Martine. Elle instituait contre moi une véritable coalition à laquelle les quatre enfants se rallièrent.

Elle ne manquait pas une occasion de me ridiculiser devant eux, mais je ne répondais même plus aux accusations quotidiennes, renonçant à devoir, sans cesse, me justifier d'une faute que je n'avais pas commise. La pharmacie redevenait largement déficitaire.

Mon isolement me semblait plus insupportable que celui que j'avais connu dans l'Aveyron. Il s'y ajoutait une surveillance continue de mes activités, interprétées d'une manière fantaisiste et toujours orientée dans le sens d'une sexualité supposée. Il en résulta un processus de destruction morale et affective intense. Parfois, n'y tenant plus, j'allais me « réfugier » dans la montagne. Je m'asseyais sur un rocher d'où je pouvais contempler l'immensité d'une nature qui restait éternellement belle malgré les pluies diluviennes, les orages, les avalanches et les éboulements. Je suppliais le Créateur, protecteur d'une telle splendeur, de ne pas abandonner un être désespéré, en proie à des cataclysmes proportionnellement identiques.

Mon fils se dressait contre moi, me reprochant de ne

pas assumer mon rôle de père et de ne pas savoir diriger une famille devenue la sienne. Il réagissait avec une fermeté et une telle assurance dans ses propos que je ne pus même pas rectifier ses erreurs sur les faits, tant j'admirais, en ce garçon, la naissance d'une autorité et une domination viriles qui me faisaient totalement défaut.

A la fin d'un des sermons de mon fils qui souhaitait désespérément me « remettre à ma place », je répondis avec une sérénité et une intuition plutôt maternelles : « Il faut que tu saches que la seule issue à la violente tourmente que nous subissons actuellement, consiste en un éclatement de cette famille pour laquelle tu te bats avec tant de vigueur. Seule une séparation totale et définitive de Martine, toi et moi, permettra à chacun de nous de retrouver la paix nécessaire à l'épanouissement de son âme. Souviens-toi toujours de ce que je te dis aujourd'hui : même une association quelconque de deux d'entre nous ne serait que destructrice et dévastatrice pour les trois. » En insistant énergiquement sur le « pour les trois », je me rendis compte que je venais d'énoncer une véritable prophétie dont les termes m'avaient été dictés au moment où ils devaient être prononcés.

L'épopée dramatique des monts de Provence se termina après treize mois de machinations, par l'éclatement prévu. Martine rentra dans sa région parisienne ; je fus exilé dans le Berry et mon fils placé dans un internat fort onéreux, non loin du château de Versailles, solution qu'il accepta non pas parce qu'elle le plaçait sous l'influence des rois de France, mais sous celle de Martine, domiciliée à une vingtaine de kilomètres.

J'aurais souhaité conclure une alliance tacite avec mon fils dans le but d'éloigner Martine. Au contraire, leur association se poursuivra, me reléguant au milieu des Berrichons.

Pendant près de deux années d'exil, je cherchai en vain un moyen de les séparer. Couper les ponts, les vivres et tout contact, ne pouvait que les rapprocher. Au contraire, il fallait que je me manifeste, que ma présence réelle ou virtuelle me permette de rester maître de la situation. Je répondis donc affirmativement aux multiples petits chantages de deux exploiteurs libertins dans l'unique espoir de trouver une solution pour arracher mon fils d'un bourbier dans lequel il s'enlisait irrémédiablement. Les mois passaient et rien ne changeait.

Le suicide moral peut constituer un premier temps, une sorte d'avertissement silencieux destiné à contraindre quelqu'un à agir d'une façon qui lui soit salutaire. Si je réussis, je me maintiendrai dans un état de souffrances morbides, avec la seule satisfaction d'avoir sauvé du désastre un être cher. Si j'échoue, seule la mort volontaire me délivrera de la constatation désastreuse d'une suite d'échecs perpétuels au cours d'une existence dans laquelle je n'aurai jamais connu la joie de vivre, en dehors de la période de ma plus tendre enfance.

Que j'épouse Martine représentait, maintenant, la dernière chance pour celui qui avait encore à entreprendre une vie d'homme — mon fils — de ne pas sombrer dans les revers ou la déchéance. Une union légale entraînerait fatalement le départ d'un compétiteur sans envergure, dont l'objectif unique devait être l'apprentissage d'un métier.

Une solution orientée vers le suicide me revenait souvent à l'esprit, un peu à la manière d'une de mes rêveries. Elle me semblait réalisable dans le temps, peut-être avec une légère adaptation. Je m'imaginais qu'un être puissant, indifféremment homme ou femme, me prenait à son service comme « bonne à tout faire » au sens le plus large du terme, ou même esclave au féminin. Pour manifester ma gratitude, puisqu'il me permettait de vivre, au moins une fois, selon ma nature, je faisais don à mon seigneur et maître de mon dévouement à toute épreuve. Dans ce rêve dantesque n'entrait aucune expression, si minime soit-elle, d'une sexualité ; mais seulement l'intense besoin — terme plus impératif que désir — de vivre au moins quelques jours, une existence de femme quelconque. J'abandonnerais ma profession à laquelle j'avais consacré une vingtaine d'années de bons et loyaux services, puisqu'elle s'était révélée inutile pour atteindre mon moi.

Cela se terminerait en mettant fin à mes jours, avec la satisfaction d'avoir vécu quelques instants. Depuis mon adolescence ce n'est ni la peur de la mort, ni celle de la souffrance, encore moins celle de l'enfer que je craignais, mais, je ne voulais pas mourir sans avoir obtenu quelque chose que j'ignorais encore et qui me manquait intensément. Maintenant, je le concevais et me sentais capable de le réaliser, même dans les conditions les plus excécrables. Je voulais vivre un tout petit peu avant de mourir...

Martine et moi convolions, ainsi, en injustes noces, tant se différenciaient les idées et le but que l'un et l'autre nous concevions. Dans une petite ville au sud de la région parisienne, nous trouvâmes une magnifique maison telle que la rêvait Martine. Un médecin qui partait à la retraite la vendait, donnant sa clientèle en prime. Je disposai d'un local de fonction indépendant, tout aménagé, dans la maison de l'ancien gardien.

L'existence abominable à laquelle j'étais parvenu à la fin de l'épisode des Alpes-de-Haute-Provence reprenait au point où elle s'était arrêtée. Rien ne laissait prévoir jusqu'où cela irait. Comme pour les classiques feuilletons de la télévision, aucun épisode, avant le dernier, n'évoque l'issue du drame ou permet de comprendre les tenants et les aboutissants d'une histoire insensée que tout spectateur peut interpréter à sa façon.

Un esprit de revendication régna dans la maison. Mon fils et Martine s'unirent dans une même coalition, comme s'ils se trouvaient privés de tous leurs droits d'êtres humains et condamnés à la misère par un despote tyrannique. Le premier réclamait le droit de les avoir tous. Il s'imposait en tant que représentant la seule autorité valable dans la famille, puisqu'il n'en existait pas d'autre. Martine exigeait de plus en plus d'argent en compensation de son tourment. Elle continua de se persuader que toutes les clientes de son mari la supplantaient à tous points de vue.

Lorsque j'apparaissais à midi, je ne parvenais pas à prendre quelque nourriture, Martine me harcelait de questions dans le but de se construire une image la plus fidèle possible de celle qui avait dû me séduire. Elle tenait absolument à se la représenter pour la connaître sans l'avoir jamais rencontrée. Pour chacune d'elles je devais préciser la couleur de ses cheveux et leur longueur, sa taille et sa corpulence, la forme, la teinte et le style de ses vêtements, etc.

Ces interrogatoires se produisaient pratiquement tous

les jours, et devenaient de plus en plus pointilleux. Le plus souvent, je ne savais que dire. Mon incapacité à répondre à la plupart des questions qui m'étaient imposées venait du fait que je ne regardais jamais mes clientes comme un homme. Seul, un homme regardant une femme dans un esprit de convoitise aurait pu répondre à Martine comme elle le souhaitait.

Je me sentais incapable de réagir aux pratiques inquisitoriales de Martine, ni de comprendre les raisons qui la poussaient à se comporter ainsi avec moi. Pris dans les rouages d'un mécanisme infernal, je n'aurais pas tardé à présenter les signes annonciateurs d'une détérioration de mon psychisme. Dante, père de la poésie italienne a raconté dans son œuvre maîtresse, *La Divine Comédie,* la vision qu'il eut en l'an 1300, durant la semaine sainte. Au début, guidé par Virgile, il traversa les « Neuf cercles de l'Enfer ». Il parvint ensuite, au sommet de la montagne du Purgatoire où il rencontra Béatrice qui le conduisit au Paradis. Mon cheminement réel s'apparentait à la vision de Dante, mais en sens inverse. Dans ma « satanique tragédie », ma mère m'avait permis de vivre dans un paradis tant que je n'étais qu'un enfant. Devenu adulte, j'en fus chassé par la société pour que je devienne un homme conforme à ses normes. Constatant que les termes illustrant ma définition : « falsifié », « fourberie », « duplicité », « dissimulation », correspondaient aux termes illustrant habituellement la notion du mal, en opposition à celle du bien, je pris la main de Greta qui me fit descendre la montagne du Purgatoire. Parvenu au stade de l'absurde, Martine me fit traverser les « Neuf cercles de l'Enfer », dans le sens du moins pernicieux au plus terrifiant. Elle m'incita, m'engagea, me poussa et m'obligea à passer les huit premiers ; elle me « ligota et me bâillonna » pour me précipiter dans le neuvième.

Ce qui restait de l'homme en moi devint progressivement misérable, puis méprisable. Mais ce ne fut pas suffisant ; en poursuivant mon œuvre destructrice, je parvins au sordide, à ce qui est vil et abject. Et je finis par atteindre l'ignoble et l'infâme. Au stade zéro de la déchéance affective, tout en conservant mon intelligence intacte, je me mis à penser à l'histoire du pauvre Job dans la Bible. Il était parvenu sur son fumier sans en connaître la raison. Il maudissait le jour de sa naissance en s'exprimant ainsi dans ses plaintes :

Périsse le jour où je suis né
Et la nuit qui a dit : Un enfant mâle est conçu !

JOB III/3

Mais alors que Job était parvenu involontairement sur son fumier, moi, je sentais que je m'y étais volontairement englouti.

Me contraindre à lui remettre de l'argent plaçait Martine dans une position qui, visiblement, ne lui déplaisait pas. Dans cette mise en scène, elle avait la certitude d'être la seule à se délecter ; ce qui l'incita à rendre sa fréquence quotidienne. Son appétit pour un gain facile et plaisant devait encore s'accroître pour atteindre les limites de l'abominable. Elle institua une taxe confortable sur les appels téléphoniques des clients. Elle n'en communiquerait les noms et adresses qu'après en avoir perçu la redevance.

Elle venait ainsi de porter atteinte à ma profession, véritable tour d'ivoire représentant mon dernier retranchement, réputé invulnérable. Ce domaine, où je me sentais seul maître, ne devait présenter aucune faille que quiconque puisse utiliser pour me détruire. Pour préserver l'unique édifice valable de ma vie, en quelques jours je déconnectai entièrement la clientèle de mon drame familial grâce à un dispositif exceptionnel associant répondeur téléphonique et radiotéléphone.

Un matin, comme chaque jour, je quittai à sept heures mon domicile pour effectuer ma tournée de visites habituelles avec ma serviette médicale à la main. A mon retour, toutes les serrures de la maison avaient été changées. Seul, le cabinet médical, situé dans le pavillon annexe, restait à ma disposition, sans lit ni commodités en dehors de ce qui était nécessaire à une consultation médicale ordinaire.

Le peu qu'il restait de ma nature d'homme venait à jamais de s'éteindre. Mon affectivité s'était installée dans un état d'hibernation forcée. Seule, ma profession programmait le mouvement de mes jambes pour assurer mes déplacements destinés à rassurer mes malades. Mais le médecin pouvait-il survivre sans son armature d'homme, désormais réduite en poussière ?

Je passai la nuit qui suivit le désastre dans un appartement de secours loué depuis peu pour que mes malades ne puissent jamais soupçonner le drame que vivait celui qui, chaque jour, leur apportait les soins dont ils avaient besoin. Assis sur le bord d'un modeste divan, les yeux clos, la tête entre mes mains et les coudes prenant appui sur mes genoux, épuisé par une intense journée de travail et anéanti par les événements, je tentai de faire le point et me rendis compte que, cette fois, il ne pouvait s'agir que... du point final. J'en fixai le moment au lendemain soir, car j'avais promis à quelques clients de les revoir encore. Je ne pouvais mourir sans accomplir une dernière promesse envers ceux qui ne m'avaient jamais fait de mal...

Je m'étais assoupi quelques heures et m'éveillai avant le jour. Je partis, le regard vide de toute expression, pour ma dernière tournée...

Dès mes premières visites, je constatai que personne ne s'apercevait que le médecin ne représentait plus que le fantôme de l'homme. Un de mes premiers clients m'annonça triomphalement sa guérison. Un second ne sut pas comment me remercier pour les soins dispensés à un membre de sa famille auquel, paraît-il, j'avais « sauvé la vie ». Un troisième me témoigna sa reconnaissance de ressentir, grâce à mes soins, la sécurité que provoque la guérison.

— Quand reviendrez-vous me voir ? questionna l'un d'eux.

— Rappelez-moi si ça ne va pas, répondis-je, d'une voix étouffée pour dissimuler ma réponse réelle qui aurait dû être : « Vous appellerez un confrère, car vous ne me reverrez plus jamais. »

Mais qu'avaient-ils donc, ces êtres irresponsables, à vouloir m'obliger à continuer à vivre en me démontrant que ma présence auprès d'eux avait plus de sens que mes déductions personnelles ? Ils semblaient s'être donné le mot par une sorte d'inconscient collectif. Ils m'astreignaient à vouloir me prouver que, tel que j'étais, je concrétisais encore l'utile, le nécessaire, l'indispensable, la sécurité et, pourquoi ne pas le dire, la vie.

— Je vais un peu mieux, m'annonça un homme gravement malade, je sais que vous allez me guérir. J'ai tellement confiance en vous.

Jusqu'à cet instant, j'avais pu résister à toutes les supplications inconscientes. Mais devant la conviction d'un être pour lequel je représentais une espérance de vie, même si celle-ci ne reposait sur aucun fondement valable, je capitulai et renonçai à mon projet de destruction totale. Même si je ne devais inspirer qu'une idée, une illusion ou un mirage de la vie que sollicite un malade, la mienne n'avait plus de raison de s'achever volontairement. L'espoir de vie, que me lançait un condamné à mort par un mal incurable, venait d'atteindre mon esprit en y provoquant une faible lueur. Puis, brusquement, une lumière jaillit, se substituant à l'obscurité totale. En quelques mots, je prononçai ma « condamnation à vivre » :

— Ne vous inquiétez pas... Oui, je reviendrai... Oui, je reviendrai vous voir demain matin.

En rentrant le soir dans mon réduit, je m'allongeai sur le lit, les yeux grands ouverts. Je savais maintenant qu'avec la nuit, je ne franchirais pas cette frontière qui laisse la vie derrière elle. Pourtant, l'impression étrange de devoir « passer de l'autre côté » ne quittait pas ma pensée. Mon existence ne pouvait se poursuivre comme par le passé. Demain ne ressemblerait pas à hier. La destruction cesse lorsqu'une « table rase » a été réalisée. Devais-je laisser le terrain en friche ou y construire quelque chose ? Quoi ? Comment ? Pourquoi ? Pour le savoir, il me faudra franchir cette frontière qui se dressait devant moi. Durant toute la journée qui venait de se terminer, des mains s'étaient tendues pour saisir les miennes et m'aider à faire un pas, un seul, pour que je puisse me trouver définitivement dans un nouvel état qui n'était pas, j'en étais désormais persuadé, « l'autre monde de la mort ». C'était donc bien celui de la vie qui allait s'ouvrir devant moi !

Vers le milieu de la nuit, alors que je n'avais pas encore trouvé le sommeil, un éclair se produisit dans ma tête. Je me dressai d'un bond sur mon lit, me levai, fis quelques pas pour m'assurer que je ne rêvais pas. Je venais de composer trois mots qui, maintenant, s'inscrivaient solennellement dans mon cerveau, définissant l'état, le monde, l'univers qui m'attendaient de l'autre côté de la frontière. A l'instant où je la franchirai, j'annoncerai à tous ceux qui m'ont aidé à vivre :

« JE DEVIENDRAI SYLVIANE. »

DEUXIÈME PARTIE

CHAPITRE IV

CONSTRUIRE UN ETRE POSSIBLE

Je n'avais jamais pensé être ou devenir une femme, pour la bonne raison que j'étais, avant tout, réaliste, et que je ne voyais pas comment un homme pouvait se transformer en femme dans son intégralité. Celle-là représentait, pour moi, une entité bien définie par ses caractères fondamentaux et sa fonction de perpétuation de l'espèce, à l'aide de la fonction génitrice de l'homme. Il me semblait impossible de passer de l'un à l'autre de ces deux états totalement opposés. La notion de fac-similé ou de copie représentait, à mon sens, un côté artificiel et dévalorisant, au même titre qu'en peinture, une toile de grand maître, unique et inestimable, peut avoir de multiples copies, plus ou moins fidèles, et surtout sans grande valeur. Si la valeur des choses est fonction de leur authenticité, il en est de même pour les êtres humains. Le faux n'est point respectable et entraîne l'erreur d'interprétation. D'aucuns se sont donné la mort pour s'être trompés, sensation intolérable pour eux, même si leur bonne foi n'avait jamais été mise en doute.

L'objectif « femme » ne constituait donc pas mon premier objectif — le « factice » m'ayant toujours fait horreur. Néanmoins, un fait était indubitablement ancré dans mon esprit : je n'étais ni n'avais jamais été un homme. Or, n'étant pas homme alors que, physiquement, aucun aspect de mon corps ne laissait croire que j'étais une femme, je n'étais donc rien. Certains jugements sur moi du genre : « Tu cours comme une fille », traduisaient de vagues similitudes, mais la ressemblance n'est pas vérité.

N'être rien repose relativement l'esprit, car aucune réflexion parasite ne trouble la concentration de la pensée. Sur le plan professionnel, j'en tirais un énorme avantage. Les soucis et les maux des autres devenaient, à volonté, les miens, et leurs joies, mes propres et uniques satisfactions. Pourtant, une minime manifestation de masculinité me troublait encore à de rares instants. Un minuscule grain de sable dans les rouages de mon « rien » l'empêchait d'être absolu et identique au néant. Ma source de production d'hormones mâles n'avait aucune raison de tarir. Mon corps s'imprégnait, donc, quotidiennement, d'une substance inutile et même quelque peu toxique, puisque contraire à mon désir impératif de neutralité sexuelle.

L'idée de parvenir à une asexualité totale se construisit dans mon esprit. Même si les psychanalystes parlent de perturbations psychiques entraînées par les insuffisances sexuelles et l'impuissance, je ne craignais absolument pas leurs présages, tant cet état me paraissait indispensable à mon intégrité mentale. Ce qui aurait dû être ma « puissance sexuelle » s'était toujours soldé par un anéantissement physique avec dégoût de l'existence, accompagné d'échecs constamment réitérés. L'asexualité représentait pour moi l'antithèse de l'homme et deviendrait mon *modus vivendi*. La non-participation hormonale en tant qu'élément constructif ou générateur des conduites de la vie s'érigeait en doctrine dont je m'instituais l'apologiste lançant une sorte de défi aux théoriciens de l'épanouissement par la sexualité fondamentale.

Pour parvenir à mon but, il ne me restait plus qu'à éliminer tout ce qui pouvait encore représenter un reliquat de masculinité. Lors de mon séjour dans l'Aveyron, mon expérience de freinage de ma production d'hormones mâles s'était révélée concluante. Il me suffisait donc de la reprendre en perpétuant les injections intramusculaires d'estrogènes retards tous les mois. Les résultats se superposèrent à ceux de ma première tentative. Je parvins rapidement à un état exempt de toute pulsion. Du matin au soir, mon comportement ressemblait à celui d'une eau calme sans le moindre effet de brise. En revanche, je ne percevais pas, comme la première fois, une sensation de renouveau aussi spectaculaire. Celle-ci implique, en effet, un passage d'un état dans un autre qui lui est supérieur. Mais, si l'état premier ne représente rien, le second ne peut pas être apprécié en fonction de ce rien. Il s'agissait donc plus d'une naissance que d'une renaissance. Mon impression signifiait que j'étais bien parvenu au stade de la « table rase », sorte de terrain vague où rien ne pousse. La plus prodigieuse pulsion génératrice du printemps est sans effet sur une terre aride ne contenant ni graine ni germe.

Plusieurs mois se passèrent ainsi. Cette période, où rien ne pouvait ni ne devait arriver, ne dura pas longtemps. Je la ressentais comme une convalescence à la suite d'une longue, très longue maladie, durant laquelle il m'avait été impossible de vivre. Elle représentait une phase neutre, ou de transition, où rien n'arrive et où la nature apparente de l'être est identique d'un jour sur l'autre et d'un mois sur l'autre. Cette absence d'évolution, cette stagnation pouvait se comparer à l'état d'un individu assis sur le banc de bois d'une salle d'attente de gare attendant l'annonce hypothétique du départ d'un train qui l'emmènerait vers une destination inconnue. J'attendais bien une évolution mais n'en supposais ni le mode ni le sens et encore moins la finalité. Mon absence totale de sensation affective me permettait de vivre simplement cette situation, à l'affût du moindre indice susceptible d'annoncer une modification quelconque de cet état de stagnation. Ce signe annonciateur ne pouvait être que positif, car dans l'échelle des valeurs vitales il n'existe pas d'élément inférieur à rien. Celui qui ne perçoit plus de sensation n'a pas automatiquement perdu la notion de confiance ou d'espoir.

Le jour où ma conversation quitta les chemins stéréotypés du langage médical et où je pus m'exprimer autrement que par des phrases du genre : « Bonjour, que se passe-t-il ? » ou « Avez-vous pris votre température ? » ou encore « Ne vous inquiétez pas, tout ira mieux dans quelques jours avec ce traitement... », j'ai ressenti que la structure profonde de mon psychisme se modifiait. Dans le passé, tout ce qui était en apparence constructif représentait l'effet d'une pulsion dont les manifestations rapides, voire explosives, aboutissaient régulièrement à un échec catastrophique. Les fondations de tous mes anciens édifices s'étaient révélées défectueuses ou fragiles. Maintenant, au contraire, il me semblait que tout concordait en moi à l'établissement d'une personnalité solide et sans défaillance.

Ma première impression ressemblait à celle qu'on éprouve devant quelqu'un qu'on ne connaît pas. Rien de ce que je ressentais n'était comparable à quoi que ce fût de connu. Mes premières initiatives consistèrent à attirer l'attention de mon entourage lors de rencontres inattendues au sein d'une société étrangère à ma clientèle. J'agissais un peu à l'image de l'enfant qui touche à tout pour apprendre à percevoir le chaud et le froid, le bon et le mauvais, et multiplie les sottises pour essayer de comprendre les notions plus complexes du bien et du mal. Les punitions, les fessées comme les compliments et les récompenses ont une valeur identique pour comprendre le sens de la vie.

Je n'étais plus un enfant, du moins en apparence, mais il me semblait avoir encore tout à apprendre et principalement la nature du comportement et de la pensée des êtres humains. Pour acquérir et intérioriser le rituel de ma nouvelle société, je parvenais, avec une inconscience puérile, à provoquer la réponse ou la riposte d'autrui par diverses questions saugrenues, indiscrètes et quelque peu fouinardes. Je m'adressais uniquement aux hommes et avec d'autant plus de vigueur que leur standing de vie paraissait plus élevé. L'analyse des réactions me permettrait de construire un être contraire au masculin puisque tous mes « entretiens », dont je restais incontestablement maître, s'orientaient généralement vers un dénigrement de la virilité et la raillerie d'une sexualité déterminant le comportement.

Il m'était facile de mettre mon interlocuteur dans une situation équivoque car il croyait avoir affaire à un homme, ce que je n'étais plus sur le plan sexuel et n'avais jamais été cérébralement. Par mon comportement et mes questions furtives, je contraignais mon adversaire à un jugement dont l'analyse me prouvait de façon flagrante que je n'avais plus de point commun avec lui. Je découvris ainsi la clef d'une conduite sociale nouvelle.

Dans l'espoir insensé de vacances familiales ou pour m'illustrer par des signes extérieurs de virilité, j'avais fait l'acquisition, en multipropriété, d'un voilier Dufour 31, ancré au port d'Antibes. L'été qui s'annonçait me permettait d'en disposer pour la première fois au mois d'août. Mon tempérament ne ressemblait en rien à celui du navigateur solitaire et la valorisation de l'homme par son yacht n'avait plus sa raison d'être. Il ne me restait plus qu'à l'utiliser comme une caravane flottante.

Au cours de l'hiver, un couple de Parisiens, qui possédaient une résidence secondaire dans ma circonscription de travail, m'appelèrent un dimanche pour réanimer un de leurs amis qui avait perdu connaissance. A cette occasion je rencontrai Sophie et Régis qui furent surpris par mon air inexpressif contrastant avec ma célérité à comprendre et à résoudre un problème de santé sérieux. Ma pondération excessive au milieu de l'affolement de l'entourage les médusa. J'étais en pleine période d'anéantissement et mon comportement professionnel me donnait l'allure d'un médecin robotisé. Par la suite, leur muette compréhension et l'immense potentiel d'amitié qui les caractérisaient m'incitèrent à leur faire comprendre que mes apparences ne traduisaient que mon inexistence affective.

Progressivement, leur étiquette de clients s'effaça au profit de celle d'amis exceptionnels. L'extraordinaire réconfort que je ressentais lors de nos conversations fit naître une lueur nouvelle dans mon regard éteint. Leur présence me donnait l'impression de vivre quelque chose d'indéfinissable mais cependant réel. Il me sembla que j'apprenais enfin à parler une langue de communication, à percevoir des formes et des couleurs comme le nouveau-né dont les yeux deviennent fonctionnels enfin, à comprendre et différencier le jour et la nuit, la réalité et le néant, les autres et moi, en tant qu'être ayant une vie propre, puisque mes amis me parlaient et que je saisissais les propos qu'ils m'adressaient. La présence de Sophie me donnait l'impression de renaître, ou plus exactement d'avoir subi une réincarnation dans un individu encore indistinct, mais pour lequel chaque jour allait apporter un élément indispensable à sa définition future.

Les hormones femelles déterminaient cette métamorphose dans le sens d'une extraordinaire harmonie intérieure, génératrice d'énergie vitale homogène. Ce premier contact avec des êtres humains dont la simplicité démontrait la grandeur d'âme, était comparable au tapis rouge déroulé à l'arrivée d'une personnalité dans un pays où elle sera considérée et respectée à sa juste valeur.

Sophie et Régis prévoyaient leurs vacances d'été au cap Martin. Je leur proposai d'abandonner la terre ferme et de venir ressentir, en ma compagnie, les effets de brise et de houle en Méditerranée. Pour ma plus grande joie, ils acceptèrent mes suggestions. J'accosterais au port de Menton pour les prendre à bord du *Elle*, navire au nom prédestiné. Mes deux plus jeunes enfants nous rejoindraient et compléteraient l'équipage.

Un peu comme l'enfant qui, pour la première fois, quitte son village natal, je pouvais donner libre cours à mon imagination et inventer les comportements les plus variés et même les plus extravagants dans le but de provoquer différents types de réactions d'un milieu un peu artificiel, celui des aoûtiens. Lors d'une escale à Saint-Tropez, j'arborai une tunique bleu roi ornée d'or, très voyante et s'arrêtant à la racine des cuisses, elle dissimulait tout juste mon maillot de bain. Les ongles teintés de bleu pailleté et les pieds chaussés d'espadrilles à lanières nouées au-dessous du genou, je me lançai à l'assaut des rues de la ville. Mon accoutrement tranchait nettement avec l'élégante tenue vestimentaire de Sophie et Régis. Mon désir d'attirer l'attention fut satisfait dès mes premiers pas. Un jeune homme d'une vingtaine d'années, estomaqué, me traita injustement, mais à haute et intelligible voix, de « pédé ». Cette réflexion inattendue m'amusa. Elle traduisait le fait que l'être mâle me rejetait de sa communauté.

Je ne cherchais pas spécialement à m'attirer des réflexions désobligeantes, mais je voulais intriguer les hommes afin de provoquer une joute oratoire, dont l'issue serait mon triomphe. Ceux-ci détestaient se sentir attaqués ainsi, par un être dont ils n'avaient rien à envier. Mes diatribes atteignaient presque l'inconvenance et je méritais plus une bonne paire de gifles que l'intérêt de ces messieurs.

Un yachtman en casquette se manifesta le premier. Le combat s'engagea au milieu des rires et de la bonne cuisine. A l'issue de notre altercation, l'autre ne savait strictement rien sur moi, en dehors de fausses suppositions que je lui avais suggérées mais, à ma demande, il m'avait tout raconté de sa façon de faire l'amour, de son type de maîtresse préféré ainsi que de ses perversions les plus fréquentes. Rarement un repas fut plus amusant et je ne reçus pas le soufflet que je méritais.

Ce moyen de pénétrer les profondeurs de l'homme par une conversation orientée, dont je gardais toujours le contrôle, me rendit compte des faiblesses, des impulsions et des défaillances masculines que je dominais parce que je ne les avais plus. Si j'avais acquis une ascendance sur l'homme, c'est que je n'en étais plus un. Comprendre une situation ou un mécanisme s'avère plus aisé dans la mesure où l'on se situe à l'extérieur. Par la suite, je n'eus plus besoin d'utiliser l'extravagance pour attirer l'attention et provoquer une conversation dont le but consistait essentiellement à dénigrer l'homme.

Ma fille cadette allait avoir quinze ans et possédait un charmant corps de femme. J'étais son géniteur, elle était, donc, un peu moi. En passant délicatement la paume de ma main sur elle, imperceptiblement, je m'identifiais à elle et découvrais un corps qui aurait dû être le mien. Je fus brutalement tiré de ma transposition onirique par les invectives de ma fille qui me reprocha d'avoir la « main baladeuse ». Je ne m'étais pas rendu compte que ma façon de faire pouvait susciter une telle interprétation.

Cette aventure, mal traduite, m'amena à comprendre que chaque fois que ma main touchait la peau de la femme, je me sentais transfiguré. Ce contact pouvait se comparer à celui du branchement d'une fiche dans une prise de courant qui, brusquement, donnerait de la vie à une nature morte. Chaque fois que j'en avais la possibilité, je posais ostensiblement ma main sur le genou de Sophie comme si ma vie dépendait d'une recharge périodique de mes batteries. Ce branchement me procurait également un apaisement extraordinaire, dont l'effet dépassait celui d'un tranquillisant perfectionné. Ce qui m'entraîna peu à peu à penser que mon corps pourrait insensiblement être transformé dans le sens d'une féminisation dont la finalité m'était des plus imprécises.

Les estrogènes, que je m'injectais régulièrement, éliminaient presque totalement l'effet perceptible des hormones mâles, mais ne suffisaient pas, me semblait-il, pour obtenir une féminisation acceptable. Leurs effets me paraissaient discordants car j'ignorais les doses optimales. Compte tenu de la présence simultanée dans mes veines de mes propres hormones mâles et des hormones femelles surajoutées, il m'était impossible de rattacher un effet à une cause précise.

Les injections à diffusion retardée ne se contrôlaient pas facilement et leur action variait d'un jour à l'autre sans prévision possible. J'abandonnai, alors, cette méthode au profit des estrogènes de synthèse en comprimés : une absorption moindre mais plus fréquente et plus régulière se superposait mieux au rythme de la production ovarienne réelle de la femme. Après trois mois d'ingestion d'un comprimé quotidien, je présentai des troubles importants qui ne pouvaient être attribués qu'à un mauvais équilibre de mon traitement. La pointe de mes seins, à peine augmentés de volume, était indurée, douloureuse et de couleur framboise ; mes jambes s'alourdissaient en fin de journée et d'horribles varicosités s'y développaient ; mon ventre ballonnait fréquemment ; je souffrais de vertiges et ma peau devenait sèche et rêche.

Mon erreur thérapeutique se manifestait de façon spectaculaire, je repensai donc entièrement le problème, d'une part pour trouver la cause exacte de mes troubles, troubles fréquents chez bon nombre de femmes, d'autre part pour tenter de mettre au point un traitement adéquat. De quinze à trente-cinq ans, les femmes évoluent le plus souvent sans grand problème, et les malaises qu'elles perçoivent n'apparaissent que passagèrement. Puisqu'il ne m'était pas possible de constater un équilibre hormonal se traduisant en principe par des cycles de vingt-huit jours et des règles de trois jours, je dus prêter attention à de multiples petits signes, plus ou moins importants, dont certains étaient à peine perceptibles, pour établir un dosage idéal de ces hormones capricieuses.

Le plus simple consistait à essayer de réaliser à l'intérieur de mon corps un cycle menstruel artificiel qui ne se terminerait pas par des règles. Ma situation serait identique à celle de la femme qui a subi l'ablation chirurgicale de l'utérus et conservé ses ovaires. Je programmai donc un cycle de quatre semaines dont les deux premières ne comportaient que des estrogènes seuls et les deux dernières estrogènes et progestérone.

Je commençai, sans plus attendre, le traitement associatif. C'est alors qu'un véritable miracle se produisit. Dès l'ingestion de mes deux premiers comprimés de progestérone, en moins de trente minutes, mes jambes ne me firent plus mal, mes vertiges disparurent ainsi que ces maux de tête que je n'avais pas su rattacher à un surdosage d'estrogènes. Progressivement, ma poitrine ne me fit plus souffrir et prit forme ; enfin, mes digestions pénibles s'estompèrent. Cette amélioration spectaculaire illustrait la bonne logique de mon traitement et sa conformité par rapport à la production hormonale réelle de la femme.

Peu à peu, une autre constatation m'encouragea à poursuivre ma féminisation : mes cheveux repoussaient, un début de calvitie s'estompait. Je savais que les hormones mâles ou androgènes, génératrices de séborrhée, favorisaient la chute des cheveux par étouffement de leur racine dans la graisse. Au contraire, les estrogènes s'opposaient à cette dégénérescence en freinant la production des glandes sébacées.

Les cheveux sont, pour la femme, un élément déterminant de sa féminité. Je décidai de modifier les miens par une couleur blond doré et des frisettes. En sortant du salon de coiffure, je ne me reconnus plus. Les miroirs des vitrines des magasins reflètaient l'image d'un personnage nettement féminin et rajeuni. Je ressemblais fidèlement à l'une de mes sœurs.

Une idée saugrenue me traversa soudainement l'esprit. Tel que j'étais devenu, je souhaitais connaître l'opinion des gens de la rue. La seule façon de le leur demander consistait à me rendre en des lieux bien connus où certaines dames savent parfaitement reconnaître le sexe des êtres qui seuls les intéressent. Une simple manœuvre d'approche dans ma direction m'indiquerait, sans aucun doute, le genre auquel j'appartenais. Les résultats furent concluants, je n'attirais plus du tout leur attention. Je parcourus, non sans crainte, le trottoir de toute une rue spécialisée, sans être « harponné » par l'une d'elles. Comme dans le magnétisme, le féminin repousse le féminin. Ou elles me prenaient pour une femme déguisé en homme, ou, dans le doute, elles s'abstenaient. En revanche, les hommes ne se montraient plus indifférents à mon égard, mais leurs jugements ne m'intéressaient pas, car je ne me sentais aucun point commun avec eux. Je me sentais trop mal dans leur peau.

Mes hormones et mes cheveux opéraient une véritable métamorphose de mes apparences, à tel point que, dans mon activité professionnelle, les clients ou les visiteurs médicaux qui ne m'avaient pas vu depuis quelques mois ne me reconnurent pas. J'eus les plus grandes difficultés à leur faire admettre que je n'étais ni un remplaçant, ni une remplaçante et encore moins un autre médecin qui me succédait.

Si mes bouclettes blondes féminisaient incontestablement ma tête, mon corps ne subissait que peu de modifications. Il était exclu de modifier brutalement mes habitudes vestimentaires dans l'exercice de ma profession. Autant j'aimais choquer les hommes en privé, autant une attitude conservatrice me paraissait indispensable pour ne pas provoquer de réaction négative dans ma clientèle. Cependant, je portais des pantalons féminins et des chemisiers dont je variais presque quotidiennement les couleurs claires tranchant nettement avec « l'uniforme masculin » sombre, porté dans mon passé. Mon style vestimentaire se rapprochait de la mode unisexe.

Par contre, chez moi, dans ma vie privée pour ne pas dire solitaire, j'éprouvais le besoin de me vêtir de tenues dites « sexy » que je me procurais dans certaines boutiques spécialisées. Mon désir de féminité était tel que je possédais une petite garde-robe ultra-légère et froufroutante avant même d'avoir acheté une simple robe classique représentative de mon sexe d'emprunt.

J'ignorais tout ce qui définissait une existence normale car la mienne avait consisté à jouer une sorte de comédie perpétuelle. Le spectacle de scène où la femme, par ses danses ou la manière d'utiliser ses vêtements, met en valeur toute sa féminité, m'attirait en tant que suite logique de mon passé. Je jouerai le rôle de la femme comme celui de l'homme puisque je ne savais pas encore vivre dans la réalité. Je me sentais capable de copier la féminité mais non la femme.

Un jour, je découvris cette garde-robe féminine à mon amie Sophie, devenue ma confidente. Son étonnement me révéla que ces vêtements, si chèrement acquis, n'auraient pu être utilisés que sur une scène, ce que je n'avais jamais envisagé. En réalité, je ne possédais rien qui puisse m'amener à une identification avec une femme normale. C'est alors qu'elle prononça *la* phrase qui donna une impulsion nouvelle et extraordinaire à ma vie future : « Mais, tu peux devenir une femme élégante et honorable. » Ces quelques mots venant d'un être sensé, et surtout féminin, furent le feu vert à une évolution nouvelle. Je devais développer en moi tout ce qui était féminité d'origine et améliorer ce qui pouvait être encore féminisé. Au terme de ces nouvelles investigations, il me serait possible de prendre une décision plus précise.

Je résolus, lors de mes prochaines vacances, de passer une quinzaine de jours au féminin, à Antibes, avec un autre couple d'amis avertis dont j'avais fait la connaissance au cours de mes multiples tribulations juridiques. Le voilier serait notre domicile, mais les sorties en mer seraient réduites au profit d'évolutions féminines classiques dans les rues de la ville. Je rejoignis mes nouveaux compagnons, Monique et Claude, à Marseille. Notre première démarche fut d'aller dans un magasin de prêt-à-porter pour m'acheter une robe. J'étais passablement ému, mais parvins à le dissimuler et les essayages se passèrent sans difficultés. La taille 44 m'allait bien et mon choix, avec l'approbation de Monique, se fixa sur une robe rose pâle à smocks.

Notre séjour à Antibes fut, pour moi, un rêve merveilleux. Je fis l'acquisition d'autres vêtements d'été : short, petite jupe plissée, etc. Les hommes se retournaient sur moi. Et je fus même la raison d'un embouteillage quand un automobiliste voulut absolument me faire monter dans sa voiture ! ! !

Ces vacances me prouvèrent que je pouvais me comporter en femme sans semer le doute dans l'esprit des gens. Mes attitudes n'étaient pas équivoques. Seule, la fatigue, tirant un peu mes traits, redonnait une virilité douteuse à mon visage ainsi qu'une démarche moins grâcieuse.

A mon retour, je conclus que je pouvais mener une double existence : je resterais, par nécessité, homme dans mon métier, mais deviendrais femme dans mon existence extra-professionnelle. Cette détermination me sembla suffisante pour acquérir un équilibre de vie correspondant à ma nature réelle. Beaucoup de femmes sont contraintes, pour leur travail, de revêtir une tenue de fonction assez éloignée de l'habillement féminin. Il en serait de même pour moi, les vêtements masculins resteraient ceux du médecin, mais rejoindraient leur cintre sitôt que je n'exercerais pas ma fonction.

Cette formule était censée me satisfaire amplement. L'intervention chirurgicale ne m'apparaissait pas indispensable. J'étais encore grisé par l'expérience, totalement réussie, d'Antibes.

Jusqu'à l'automne qui suivit, je réussis à donner l'illusion de ma féminité à Sophie. Mais Régis ne voulait, en aucun cas, admettre mon comportement de femme. Je n'étais et ne resterais à ses yeux qu'un homme déguisé. Je ne supportais pas sa réaction car, si mon corps simulait celui d'un homme, mon cerveau se démontrait nettement du type féminin. D'autre part, pour Sophie, j'avais bien l'apparence d'une femme, mais un malaise la troublait encore.

La preuve du doute qu'elle avait à ce sujet me fut donnée le jour où je lui parlai d'une cliente venue me voir pour une psychothérapie. Comme c'est souvent le cas dans ce genre d'investigation, cette jeune femme m'avait octroyé le rôle du protecteur tout-puissant, c'est-à-dire du père ou de l'homme susceptible de se substituer à lui. Sophie, imaginant que j'acceptais volontiers la situation, eut une réaction brutale. Or, la voir douter, un seul instant, de ma féminité, ma seule raison de vivre, me plongea dans un état dépressif tel, que pendant plusieurs heures, je ne pus retenir un intense flot de larmes. Je dus rentrer chez moi, mais mon isolement ne me procura pas la moindre consolation, jusqu'à ce que Sophie, inquiétée par ma réaction, vînt calmer mon désespoir.

J'essayai de chercher la cause profonde de ma conduite. Je m'étais senti littéralement assommé, comme si je l'avais été par un coup de massue, et mes cellules nerveuses en avaient été ébranlées. Si une telle manifestation devait se reproduire un jour, je crois que je n'en sortirai pas indemne. Ma lucidité retrouvée, après cette tempête intérieure, je compris que supposer seulement que je puisse redevenir un homme capable d'aimer et de protéger une femme m'avait replongé instantanément dans le contexte du drame tragique dont je venais à peine et miraculeusement de sortir. Je ne pouvais absolument plus supporter l'attribution, par quiconque, d'un rôle ou d'une fonction normalement dévolus à l'homme. Je ne devais plus posséder quoi que ce soit qui risque de suggérer que j'étais du sexe masculin et susceptible d'entraîner un attrait quelconque chez une femme. Mes résolutions « d'après-Antibes » s'effondrèrent : il me fallait prendre la décision de me faire opérer le plus tôt possible. D'ailleurs, sans cette intervention chirurgicale, j'aurais tous les attributs d'un travesti, ce qui me répugnait et ne correspondait en rien à ma nature.

Un professeur de psychiatrie de l'université de Liège m'avait proposé un bilan psychopathologique complet et poussé de ma personnalité à l'aide d'appareils uniques en Europe. J'acceptai volontiers, car je tenais à connaître le moindre symptôme susceptible de confirmer ou d'infirmer mon diagnostic à la base de mon évolution future. L'intervention chirurgicale que je souhaitais étant interdite en France, j'espérais que les conclusions de ses investigations, sans nul doute identiques aux miennes, l'habiliteraient à m'orienter sur un chirurgien compétent.

Un mercredi de janvier, jour où je me faisais régulièrement remplacer, j'obtins un rendez-vous le matin à l'heure d'ouverture du laboratoire. Le mardi soir, je me rendis à Liège en voiture, en compagnie de Sophie. Les routes des Ardennes, totalement verglacées, ne nous permirent d'arriver que fort tard dans la nuit à l'hôtel dans lequel nous avions réservé une chambre. Après un repos abrégé, nous

nous rendîmes à l'université. Je portais une petite robe bleu chiné et des chaussures de ville à talons hauts. La coiffeuse m'avait coiffé la veille et mon allure était celle d'une grande jeune femme plutôt mignonne et décidée.

Mon bilan débuta par un électroencéphalogramme. Il se poursuivit par une analyse fort complexe de mes temps de réactions. Désagrégée et restructurée par un cerveau électronique, ma réponse aussi rapide que possible à une stimulation auditive ou visuelle devait fournir de précieux renseignements sur la solidité et la résistance de mon psychisme. L'après-midi fut consacré aux tests projectifs, illustrant ma manière de concevoir diverses situations plus ou moins étranges ou extravagantes, reflétant la présence et la nature de problèmes affectifs éventuels profondément ancrés dans l'inconscient. Je passai successivement le test de Rorschach et le TAT (*Thematic aperception test*) que je connaissais parfaitement depuis mes études de Genève, pour les avoir fait passer à des dizaines d'enfants et d'adolescents. A la fin de ces épreuves, un rendez-vous fut fixé quatre semaines plus tard. Le temps de dépouiller et d'analyser les résultats. Sophie, après un lèche-vitrines dans les rues de la ville, m'avait rejoint. Nous retournâmes à l'hôtel où je lui proposai un dîner aux chandelles au restaurant du sous-sol. Lumières tamisées, musique d'ambiance, au milieu des plantes vertes et des fleurs, un service impeccable dans un style recherché nous firent oublier les heures fastidieuses de la journée. Pour clore le repas, le maître d'hôtel offrit une magnifique rose à chaque dame. C'est ainsi que je reçus la première rose de ma vie de femme quelque peu anticipée. Le lendemain, avant l'aube, nous quittions Liège en ayant bien soin d'emporter notre rose.

Un mois plus tard, Sophie et moi reprenions, à la même heure, le même itinéraire ; mais cette fois, heureusement, sans verglas. Mon espoir de pouvoir enfin organiser ma transformation chirurgicale me donnait des ailes comme les oiseaux migrateurs qui sentent approcher les régions tempérées dans lesquelles ils pourront donner naissance à leur progéniture. C'est à peine si je remarquai que l'autoroute du Nord encombrée de camions s'enfonçait dans la grisaille du mois de février.

Fidèle à mon second rendez-vous, qui me laissait entrevoir de nouveaux horizons, je fus invité à repasser pendant la matinée un certain nombre d'examens. Je supposai que les résultats d'un même test, à un mois d'intervalle, devaient permettre de constater une évolution dans le bon comme dans le mauvais sens. En début d'après-midi le professeur me fit part de ses conclusions. J'appris, non sans satisfaction, que je n'étais pas psychotique. Ce diagnostic négatif signifiait que je n'étais pas atteint de paranoïa, ni de schizophrénie et que je ne délirais pas... ce dont je me doutais un peu ! Une ombre apparaissait, pourtant, dans le profil des tests projectifs : mon comportement présentait un certain nombre de composantes infantiles. J'avais tant de fois, à Genève, fait passer les mêmes épreuves à des enfants, qu'il me fut impossible de les interpréter différemment. Mes réponses avaient reflété fidèlement celles qui m'avaient été maintes fois formulées. Elles exprimaient bien plus un réflexe conditionné que l'illustration de ma personnalité. Le professeur émit, de ce fait, les plus grandes réserves quant à l'opportunité d'une intervention chirurgicale. Une erreur de diagnostic pouvait, en effet, entraîner le suicide de l'opéré, à plus ou moins brève échéance. Cette déduction fondée sur un bilan objectif, non seulement ne me satisfaisait pas, mais me mit dans un état de mécontentement total. Si le diagnostic du spécialiste traduisait un doute, mon propre diagnostic, lui, traduisait une profonde certitude. Un simple retour en arrière me suffisait pour savoir pertinemment que le suicide me menaçait en effet, non pas en devenant femme, mais, infailliblement, en restant un homme.

Egaré dans mes pensées, je voyais défiler sous mes yeux le ruban de l'autoroute belge comme un film sans images. En ruminant les conclusions d'un maître de la psychiatrie moderne, je ne me rendis pas compte que je ne prêtais pas attention aux panneaux indicateurs. Maintenant je roulais en direction du nord et Sophie me fit remarquer que Bruxelles avait remplacé Paris sur ceux qui apparaissaient à intervalles réguliers. C'était peut-être un présage m'annonçant que si je suivais aveuglément la voie qui m'avait été conseillée en quittant Liège, elle me conduirait dans l'erreur ! ! ! Il me fallait rapidement rectifier le cap. Je demandai à Sophie de prendre le volant, tant je désirais me concentrer afin de trouver une solution remplaçant le verdict du professeur. Je ne vis pas, non plus, arriver la frontière. Personne ne devait interrompre la progression de mes pensées et le déroulement de notre itinéraire. Au retour de notre premier voyage, le poste de douane se trouvait totalement désert. Ça n'avait été qu'après avoir roulé une dizaine de kilomètres en territoire français que nous avions réalisé l'avoir passé. Mais, cette fois, les douaniers se dressaient devant nous. L'identité de la conductrice, un peu troublée, ne posa aucun problème ; mais celle du passager dut leur paraître bizarre, avec sa petite robe bleu chiné défraîchie et ses cheveux en broussaille maintenus par un foulard. Intrigué, le douanier belge me confisqua ma carte d'identité et la transmit à ses collègues français à quelques mètres de là. Il leur signala qu'ils devaient ouvrir l'œil sur un être excentrique et suspect qui tentait de s'introduire dans leur pays. Le temps mis pour traduire en français une crainte belge, me permit, non sans mal, sur un siège de voiture, d'enlever ma robe et d'enfiler un pantalon et un chemisier unisexes. Nous étions déjà en retard sur notre programme, le pantalon représentait le seul moyen d'éluder toute explication. Me sentant, ainsi, aussi femme qu'en robe, je fis irruption dans le bureau de mes compatriotes et, brandissant ma carte professionnelle, je vociférai sur le thème du temps « précieux pour le médecin ». Après m'avoir demandé si j'exerçais toujours à l'endroit indiqué sur ma carte, ceux-ci se confondirent en excuses prétendant que mon nom avait pu être pris pour celui d'un autre. Je n'ai jamais admis leur dérobade.

Cet incident, interrompant mes réflexions, me replaçait au cœur de mon problème. Il me démontrait par l'absurde la nécessité d'une solution chirurgicale. Après l'opération, lors d'une aventure semblable, en aucun cas je n'échangerais ma robe contre un pantalon. A la moindre réflexion d'un douanier concernant mon identité je pourrais répondre : « Allez voir ! ! ! »

Depuis que mon traitement hormonal avait été entrepris, je remarquais que chaque déconvenue ou contrariété me préparait une véritable « rampe de lancement » pour prendre une décision et parvenir à une réalisation des plus importantes. Ce fut le cas pour cette journée de voyage à Liège.

En arrivant à Paris, j'avais totalement décortiqué et restructuré le problème de mon opération.

L'intervention chirurgicale destinée à rééquilibrer ma nature se pratique normalement en un seul temps qu'il m'était facile de décomposer en deux épisodes : d'une part, l'ablation pure et simple des testicules et d'autre part, la féminisation apparente des organes génitaux consistant à éliminer la conformité interne du pénis, en conservant les zones cutanées qui permettront une néo-formation vaginale. La peau du scrotum façonnera les grandes lèvres.

Je ne pensais pas être transformé en femme comme Cendrillon en princesse. Non, je me sentais de plus en plus pénétré de féminité et si un miracle devait avoir lieu, il s'était réalisé lors de ma première injection d'hormones femelles. J'avais dépassé le stade de l'émerveillement et atteint la certitude d'être sur la bonne voie. Il ne me restait plus qu'à poursuivre mon chemin dans la même direction. Je m'étais définitivement engagé sur la route de la féminisation. Divers problèmes techniques subsistaient, qu'il me fallait résoudre l'un après l'autre, sans précipitation ni inquiétude.

« Réfléchis un peu ! me disais-je. Parmi toutes les étapes qu'il te reste encore à franchir, laquelle est maintenant indispensable pour avancer d'un pas dans la construction de ta personnalité ? » Ma réponse ne se fit pas attendre : « Il faut anéantir ma production d'hormones mâles. Elles me perturbent psychiquement et contrecarrent mon évolution. » En effet, les estrogènes que j'absorbais ou m'injectais régulièrement étaient déjà entrés en compétition avec mes androgènes, freinant la production de mes testicules. Mais ce ralentissement ne me suffisait pas. Je souhaitais tarir totalement leur sécrétion. Etre en possession d'organes génitaux féminins représentait seulement une solution très secondaire qui en découlerait.

Pour stopper définitivement le fonctionnement d'une glande qui ne se révèle plus nécessaire et même contraire à une évolution, il suffit d'en réaliser l'ablation ! Les testicules ne sont-ils pas, chirurgicalement, semblables à des kystes sous-cutanés facilement accessibles ? Ils s'en différencient par un cordon qui s'enfuit vers l'abdomen qu'il ne doit pas être sorcier de sectionner entre deux solides ligatures. Dans mon cas, ce pédoncule avait, me semblait-il, subi une rétraction sous l'effet des estrogènes. Les testicules remontés s'étaient engagés et fixés au pôle inférieur du canal par lequel ils étaient descendus aux environs de ma naissance. Peut-être voulaient-ils prendre la place des ovaires sous l'action antagoniste des hormones femelles ?

Sans arrière-pensée, ni remord, je venais de prononcer leur condamnation à mort définitive et sans appel. Mon unique objectif consistait dorénavant à préparer l'exécution de la sentence. La mise en état des lieux s'effectuerait par la suite, sans toutefois qu'elle soit vraiment indispensable. J'étais parvenu à me polariser si intensément sur ma nouvelle entreprise qu'elle représentait le seul but de mon existence.

Dans les jours qui suivirent, je me rendis compte que j'avais, insensiblement, pris conscience de ce qui allait se passer, sans toutefois y attribuer une importance considérable. J'ai souvent remarqué, au cours de mon évolution nouvelle, qu'à partir du moment où je prenais une décision irrévocable, je me comportais comme si elle était déjà accomplie. C'est donc très détendu que je mis au point dans mon esprit les conditions nécessaires à sa réalisation. Je devais agir seul. Sans tierce personne dont les réactions risquaient de troubler mon attention pendant l'intervention. Aussi, pour qu'elle ne s'attribue pas une part de responsabilité en cas d'échéance fatale. Lorsque je fis part de mon intention à Sophie, elle la jugea tellement impossible qu'elle en nia purement et simplement l'éventualité.

Discrètement, et dans un état de semi-inconscience, je préparai le jour J, qui allait représenter un instant décisif conduisant à la victoire totale sur un ennemi combattu depuis plus de cinquante et un an. Concrétisant un état dit supérieur et totalitaire, responsable de toutes mes souffrances et de mon inadaptation sociale, véritable gardien d'un « goulag » invulnérable, je perçus nettement que sa dernière heure avait sonné.

Un vendredi, je reçus le catgut que j'avais commandé pour effectuer les sutures profondes. Le samedi soir, après m'être rendu au chevet de mon dernier client, je rassemblai tout le matériel répertorié dans ma tête. Sur le siège arrière de ma voiture je déposai la totalité de mon arsenal : boîte de chirurgie, compresses, coton, ma lampe à pied, et surtout mon bistouri électrique qui simplifiait l'ouverture de la peau et la section des petits vaisseaux ; l'arc électrique provoquait également un effet d'électrocoagulation évitant les petites hémorragies superficielles. Je me rendis encore chez l'infirmière avec laquelle je travaillais pour lui emprunter quelques seringues à très fines aiguilles, idéales pour les petites anesthésies très localisées. En souriant, je lui annonçai : « C'est pour m'opérer cette nuit ! » Mon ton devait être si peu convaincant qu'elle pensa qu'il s'agissait d'une boutade. J'avais également fait part de mon intention à un médecin qui me secondait quelques jours par semaine, il s'était borné à répondre par un sourire ironique. Le caractère illusoire de mon auto-intervention lui conservait l'effet du secret, même si je le proclamais à mes plus fidèles collaborateurs.

En arrivant à mon domicile vers vingt-deux heures, avec tout le matériel nécessaire pour une salle d'opération improvisée, je savais que plus rien, maintenant, ne viendrait retarder le moment de commencer l'intervention qui ne me posait pas plus de problèmes que l'ablation d'un corps étranger. Inconscience ? Non. Je savais que je pouvais mourir. Et c'est une des raisons pour lesquelles je ne voulais aucune assistance. Mais ma détermination fut telle que rien ne me paraissait compliqué ou dangereux. La satisfaction anticipée de ne plus avoir, bientôt et définitivement, de masculinité fonctionnelle dissipait en moi toute crainte d'accident.

Non sans un certain enthousiasme, je transformai ma chambre à coucher en salle d'opération à l'asepsie des plus douteuses. Instinctivement j'allumai mon poste de radio qui retransmettait le Festival international de la chanson 1979 à Jérusalem. En écoutant les chansons choisies et présentées par les pays participants, je donnai un dernier coup d'œil à un vieux traité d'anatomie datant de ma première année de faculté, pour prévoir ce qui se présenterait à mes yeux une fois la peau ouvert. Ma lampe de chirurgie, puissante de 150 watts, me fournirait un éclairage orienté suffisant.

Vers trois heures du matin, je sus qu'Israël avait obtenu le premier prix du festival avec : *Alléluia.* Depuis la fin du concours, elle avait été répétée trois ou quatre fois. Ce cri de joie et d'allégresse me donnait-il le feu vert de l'opération ? A cette heure tardive, tout était prêt. J'avais même pratiqué un essai concluant de l'anesthésie locale et des effets coupants du bistouri électrique pour évaluer la dose minimale efficace du produit à injecter, ainsi que le réglage du courant nécessaire à la création de l'arc électrique qui incisait comme le scalpel le mieux aiguisé.

Mais à cette heure avancée de la nuit, exténué, je décidai de repousser l'intervention au lever du jour. Un peu de relaxation s'avérait indispensable avant d'entreprendre une tâche qui serait fatigante. Je craignais l'épuisement en plein milieu de l'opération provoquant un moment de somnolence au cours de laquelle une hémorragie me serait fatale.

Rapidement, ma « table d'opération » provisoire retrouva sa fonction originelle. Je me déshabillai. Pour la dernière fois, l'homme que j'étais encore physiologiquement pour quelques heures passa une nuisette douillette lui procurant la détente indispensable à un repos régénérateur.

Avant que cette journée à peine commencée ne se termine, je ne serai plus un homme. Ma lutte achevée, je pourrai sans réticence ni arrière-pensée utiliser au féminin les adjectifs me concernant ainsi que les noms communs. Non pas parce que je serai devenu « femme », ce que je serai peut-être plus tard, mais parce que le féminin représente par excellence l'« antimasculin ». Aucune autre expression n'existe réellement.

Heureux de sentir que j'allais, enfin, pouvoir vivre heureuse, je m'endormis au son de mon petit poste de radio qui répétait une fois de plus : *Alléluia...*

***

Lorsque je me réveillai, le jour s'était levé depuis une heure ou deux. C'était un dimanche, généralement consacré au repos et, en plus, un 1er avril autorisant les farces et attrapes. Si mon programme de travail s'avérait des plus conséquents, le but que je m'étais fixé devait rétablir une vérité. Ma certitude d'agir selon le bon sens minimisait complètement la gravité des événements qui allaient se dérouler au cours de cette journée. Le temps nécessaire à l'exécution de cette intervention, entreprise dans des conditions pratiquement irréalistes, ne pouvait être estimé et ne m'importait guère. La seule idée qui m'obsédait : commencer. Je savais pertinemment qu'une fois mise en route, mon entreprise serait menée à bien quoi qu'il arrive. La fin de la journée s'achèverait sur cette alternative : triompher et vivre en harmonie avec moi-même ou échouer et mourir en voulant sauver ma vie. Mais le soldat, en donnant l'assaut final, ne pense qu'à la victoire.

Mon traité d'anatomie, consulté minutieusement les jours précédents, m'avait prévenu qu'après avoir franchi la peau, premier obstacle visible et bien connu, il me faudrait pratiquer une brèche dans six autres tuniques de protection avant d'atteindre mon objectif. D'autre part, ma progression s'effectuera successivement dans deux directions différentes puisque la nature a conçu la plupart des organes en double, à l'exception de l'appendice.

Ma « table d'opération » fut rapidement réinstallée. Mes serviettes de bains devenaient des champs opératoires d'un pouvoir spongieux éprouvé. La lampe à pied que j'utilisais couramment pour la petite chirurgie me servirait de scialytique que je pouvais orienter à ma convenance. Sur un coup de baguette magique, ma chambre à coucher venait de se transformer en salle d'opération. Tout était parfaitement en place pour recevoir le chirurgien, l'anesthésiste, l'aide-opératoire, l'infirmière, l'aide-soignante et... l'opéré, qui en ce jour, en ce lieu et dans cette circonstance, n'étaient qu'une seule et même personne. Elle ne quitterait les lieux que mission accomplie.

Je ne me sentais pourtant pas totalement coupé du monde. Un poste portatif de mon radiotéléphone me permettait d'entrer instantanément en contact avec ma secrétaire ou l'infirmière qui en possédaient également un en écoute permanente. En cas d'imprévu, cette liaison par les ondes me permettrait de lancer un SOS.

Un dernier tour d'horizon rapide semblait m'annoncer que le zéro du compte à rebours était imminent. En prenant place, je recherchai la position la moins fatigante à long terme. Assis, les jambes allongées et le dos appuyé contre la tête de lit, je ne pouvais pas effectuer une flexion suffisante du tronc pour bien superviser la zone concernée. Plié en deux, sans entraînement ni souplesse de constitution, je ressentais très rapidement une douleur inutile en arrière des genoux et dans les cuisses. L'utilisation d'un miroir était illusoire. Il nécessitait une inversion des mouvements pour laquelle je n'avais aucune formation. La position idéale consistait à me mettre assis sur le bord de mon lit. Mes jambes fléchies donnaient l'amplitude nécessaire aux mouvement du tronc. L'écartement des cuisses offrait une « voie d'abord » excellente. Mon organe antérieurement érectile n'avait aucune raison de se manifester. Un modeste morceau de sparadrap le contiendrait dans une zone non opérationnelle. Mon traitement prolongé par les estrogènes l'avait relevé de ses fonctions démonstratives d'une puissance virile, il avait accepté de se soumettre à la révolution hormonale.

Mon petit poste de radio n'avait cessé de fonctionner en sourdine depuis la veille. Chansons et musique seraient susceptibles de dissiper une quelconque lassitude au cas où je devrais jouer les prolongations.

Je disposai la plaque métallique du bistouri électrique sous l'une de mes fesses et emplis ma seringue de l'anesthésique que j'utilisais le plus souvent pour ma clientèle. Les essais pratiqués quelques heures plus tôt suffisaient à dissiper toute inquiétude concernant une éventuelle douleur lors de la première incision. Je badigeonnai toute la région intéressée à l'alcool, préférable dans mon cas au mercurochrome ou à l'iode dont la teinte modifie la couleur naturelle de la peau. J'étais pratiquement insensible à la douleur, et je tenais à ce que toute parcelle cutanée utile à une future construction à cet endroit traduise à chaque instant une coloration démontrant une parfaite vitalité, et non le violacé de la nécrose.

Après une anesthésie très superficielle, je disposai la pédale du bistouri électrique sous mon pied gauche et le manche dans ma main droite. J'avais imprégné très modérément d'alcool une compresse pour que l'étincelle produite par l'aiguille au contact de la peau ne l'enflamme pas. Je donnai, alors, le premier « coup de pioche » à l'édifice de ma masculinité.

Une incision pratiquée sous le crépitement de l'arc électrique délimitait les deux parties de l'opération. Sans plus tarder, je m'attaquai au côté droit. Je me rendis rapidement à l'évidence : les descriptions précises et méticuleuses des livres ne m'étaient d'aucune aide pour une intervention grossière dont, seul, le but avait une réelle importance. La technique de réalisation n'avait qu'une valeur très relative. Négligeant totalement les théories, je préférai faire confiance à mon intuition et résoudre les différents problèmes au fur et à mesure de leur apparition. Aponévroses, membranes, enveloppes, autant de termes sans signification précise que je classais dans les barrières à franchir, avec les vaisseaux et petits muscles qu'il fallait couper avec certaines précautions, un peu à la manière des barbelés qui entourent une forteresse.

Après avoir surmonté toutes les difficultés sans problème majeur, je parvins au contact même de la première des deux glandes responsables du chaos de mon existence. Devant la pointe du bistouri, sans plus aucune protection, béate, elle ne semblait pas comprendre ce qui se passait. Un gros cordon blanchâtre la rattachait encore à mon corps. En le coupant je me séparerai définitivement de ma masculinité, de même que la section du cordon ombilical m'avait séparé de ma mère. Etait-ce le signe d'une nouvelle naissance ?

A cet instant, la sonnerie du téléphone situé à l'étage inférieur retentit. J'abandonnai rapidement mes activités et descendis précipitamment les escaliers pour aller répondre, tout en maintenant mon travail en cours par simple compression. C'était Sophie qui m'appelait de Paris, pensant que, par ce beau dimanche de printemps, je devais certainement m'ennuyer ? Son mari et elle ne passaient pas, comme à l'accoutumée, leur week-end dans leur maison de campagne où je les retrouvais habituellement. Elle était loin d'imaginer comment j'occupais mon temps... Je lui racontai ce que j'étais en train de faire, le plus simplement et le plus calmement du monde. Mais je parvins à peine à la rassurer en lui promettant de la rappeler dès la fin de la première partie de l'intervention, sans toutefois lui annoncer que la deuxième suivrait immédiatement après.

Cet intermède téléphonique imprévu ne m'avait absolument pas perturbé. Je me remis au travail comme si rien ne s'était passé. Le dernier temps destructeur et fondamental de l'intervention restait à venir. Ayant bien mis en évidence la glande intruse, toujours solidement attachée par son cordon, je me trouvai en face de difficultés pratiquement insurmontables. L'absence d'au moins deux aides opératoires se faisait cruellement sentir. Leurs mains, en plus des miennes, paraissaient indispensables pour écarter la voie d'abord, tirer sur la glande pour allonger son pédoncule à sectionner tout en le fixant pour qu'il ne s'échappe pas devant le bistouri. Mais il fallait encore anesthésier puis ligaturer à deux endroits avant de couper entre ceux-ci. Au total, six mains devaient travailler au même instant. Je fixai deux pinces à griffes sur les bords de la plaie. Avec un morceau de gaze et du sparadrap, je les attachai solidement à chacun de mes genoux. L'écartement de mes cuisses provoquait, dans un même rapport, celui de mon champ d'action. Je nouai une petite bande à la jonction du testicule et de son cordon et la déroulai pour fixer l'autre extrémité au gros orteil de mon pied droit, le gauche conservant le monopole de la pédale du bistouri électrique. En étendant la jambe j'assurais une traction efficace qui m'autorisait tout à loisir les ligatures et la section du pédoncule solidement maintenu par une compresse enroulée et placée en support. Ainsi, j'avais conservé l'autonomie de mes deux mains pour donner le coup de grâce à ma masculinité.

Un nouveau crépitement électrique évinça la première des deux glandes qui s'étaient installées à cet endroit et mises à fonctionner sans autorisation préalable. Il ne me restait plus qu'à suturer pour refermer une cavité dans laquelle plus rien désormais ne trouverait une place. Pour éviter l'infection et l'inflammation, j'avais eu soin de saupoudrer l'excavation de pénicilline et d'arroser le tout avec de la cortisone. Aucune asepsie n'avait été pratiquée pendant la durée de l'intervention, et je n'avais même pas prévu de gants chirurgicaux, afin d'avoir un meilleur contact. Mais je comptais aussi sur le fait que les microbes sont des petites bêtes dont les différentes espèces ne peuvent ni se supporter, ni vivre en communauté. Il y avait donc de fortes chances pour qu'ils se battent entre eux et que les gagnants soient asphyxiés par la pénicilline.

Dans un souci de perfectionnisme, j'effectuai les sutures profondes au catgut, fil qui se dissout lentement dans les tissus et laisse espérer une meilleure cicatrisation. En plein travail de reconstruction, je m'aperçus que je n'avais plus de compresses. J'en informai l'infirmière par radiotéléphone. Quelques minutes plus tard, elle m'en apportait une grande boîte prise à la pharmacie. C'est avec stupéfaction qu'elle découvrit la réalité de ce que je lui avais annoncé la veille.

J'avais laissé intacte l'incision de la peau pour entreprendre, à la suite, le côté gauche. En regardant ma montre, je m'aperçus que la première partie de l'opération avait duré quatre heures. Mais il me semblait que le temps s'était arrêté car je n'en avais plus aucune notion. Il semblait anesthésié comme la surface de ma peau et la partie interne du cordon dans lequel se trouvent des nerfs. A aucun moment je n'avais ressenti une quelconque douleur, et il n'est pas impossible que l'action des estrogènes depuis près de deux ans ait diminué notablement la sensibilité classique de cette région.

Par contre, une sensation que je percevais de plus en plus nettement était celle de la faim. Mon estomac n'avait certainement pas subi les effets de l'anesthésie et commençait à crier famine. L'après-midi venait de commencer, c'était l'occasion d'une pause pour me restaurer comme cela est conseillé lors de parcours longs et difficiles. Je m'assurais une protection provisoire à la manière des femmes les mauvais jours de leur existence. Je pus ainsi descendre à la cuisine pour préparer mon repas, non sans avoir rappelé Sophie au téléphone pour la rassurer. J'étais encore en vie et suffisamment vigoureux pour poursuivre mon but sans attendre la semaine suivante. Puis je me restaurai à la manière de ceux qui parviennent victorieusement au sommet d'une montagne après une ascension épuisante.

En guise de sieste, j'entrepris l'achèvement de mon œuvre. La technique était au point, le matériel en place, pourquoi ne pas continuer ? D'autant plus que l'effet bénéfique du déjeuner me donnait une impulsion nouvelle et que la journée était loin d'être terminée.

Du côté gauche, un phénomène bizarre attira mon attention. Non loin du testicule, implanté par un petit pédoncule sur le même cordon, se trouvait un organe d'un centimètre de diamètre qui me donna à penser que j'avais deux glandes du même côté, de grosseurs différentes. Intrigué par cette anomalie, j'ai cherché ultérieurement à comprendre sa signification. Or il s'agissait en fait du développement d'un élément normalement présent chez la femme. Chez l'embryon humain des deux sexes, il existe une formation appelée canal de Müller. Chez l'homme, elle disparaît presque entièrement, il n'en reste que l'extrémité supérieure, atrophiée, extrêmement petite : l'hydatide sessile de Morgagni, si minuscule que je n'ai pas pu la remarquer à droite. Chez la femme, au contraire, le canal de Müller se développe pour former le pavillon de la trompe destiné à recevoir l'ovule après la ponte ovarienne. L'organe que j'ai trouvé se trouvait exactement à la place qu'aurait occupé le pavillon de la trompe. Etait-ce le signe d'une minime évolution féminine qui a eu lieu alors que j'étais un embryon ? Je l'ignorais et me gardai bien d'en tirer une déduction facile et orientée.

Deux heures et demie s'étaient écoulées depuis le début de la seconde partie de l'intervention, alors que je nouai le dernier point de suture au niveau de la peau. Les compresses m'avaient fait à nouveau défaut, mais, cette fois, ce fut ma secrétaire qui me les apporta. La pharmacienne à laquelle j'avais fait part de mes intentions comme d'une éventuelle possibilité, comprit les raisons pour lesquelles je lui avais fait ouvrir à deux reprises sa pharmacie un dimanche. Elle l'annonça à son mari qui en fut bouleversé, au point de ne pas pouvoir trouver le sommeil la nuit suivante.

Une tranchée creusée pour l'installation d'une ligne téléphonique souterraine empêchait le camion-poubelle de remplir sa mission dans la petite rue qui conduisait à mon domicile. Le surlendemain, les vestiges de mon opération stagnaient désépérément avec les ordures ménagères à la porte du jardin. De rage, en partant à Paris le mercredi matin, j'emportai le sac destiné aux éboueurs en pensant que ceux de Sophie chez laquelle je me rendais, seraient plus diligents.

J'avais gagné la première manche de ma lutte. Je n'étais plus un homme. Je pouvais, au moins, m'autoriser à penser et à parler de moi au féminin.

***

Trois semaines après l'arrêt total et définitif de ma production d'hormones mâles, j'allai passer huit jours de vacances à Agadir avec Sophie. Je voulais expérimenter ma féminité au milieu d'une société nouvelle. De là aussi, je pourrais me rendre à Casablanca et obtenir des informations concernant la deuxième partie de l'opération auprès d'un chirurgien spécialisé.

A l'hôtel Marhaba, il n'y eut aucun problème. Seul, le garçon qui apportait les boissons rafraîchissantes dans le parc et près de la piscine eut un doute ; l'association d'une poitrine relativement peu développé et d'une voix assez grave le désorienta un peu. Sophie et moi nous nous refaisions une beauté pour le dîner où nous nous rendions régulièrement en robe longue. Lorsque, pour le shopping des fins d'après-midi dans les rues de la ville, je portais ma minijupe plissée rouge, je fascinais bon nombre de Marocains. L'avant-dernier jour de notre séjour, nous nous rendîmes à Casablanca pour rencontrer le chirurgien. Il fut littéralement stupéfait lorsque je lui expliquai que je m'étais opérée seule. Il ne le crut vraiment qu'en le constatant de visu. Il ne vit aucune objection à poursuivre ce que j'avais commencé, au moment que je choisirais.

Je n'étais pas mécontente des résultats d'Agadir. Je me sentais reposée. La plaie fistulisée, exposée au soleil, s'était totalement cicatrisée. La suite opératoire pouvait être entreprise sans difficulté. Enfin, mon comportement féminin n'était pas un échec.

Deux mois après l'intervention du 1er avril je sentis nettement qu'il me fallait diminuer considérablement les doses d'estrogènes. Cela signifiait que je n'avais plus d'hormones mâles actives. Je ressentais des vertiges qui sont des signes manifeste d'hyperestrogénie.

Les diverses expériences au sujet de ma féminité furent ensuite suffisamment concluantes pour que je me sente à même d'affronter le jugement de ceux ou celles qui, par leur culture et leur formation, devaient parfaitement connaître mon type d'évolution. Il me fallait maintenant obtenir l'approbation de ces spécialistes pour l'ensemble de mon œuvre.

***

Sept mois après le demi-échec de Liège qui entraîna le succès de mon auto-intervention, je voulais donc être confirmée dans ma destinée par un spécialiste. Je n'avais pas de doute sur la nécessité de changer de sexe, mais je tenais à infirmer la thèse belge par un verdict qui tiendrait compte d'une bonne demi-année d'évolution complémentaire. C'était un peu comme si, à Liège, j'avais échoué à l'examen par insuffisance de préparation. Je me représentai à la session d'automne, avec cette fois une assurance certaine de mes connaissances et de mes travaux pratiques. Mon examinateur wallon m'avait indiqué quelques noms de spécialistes parisiens susceptibles de me refaire passer l'examen.

C'est ainsi qu'en septembre je me présentai chez Mme Marvel, psychanalyste, dont la compétence avait été remarquée lors de différents congrès, par ses écrits et par les très longues citations d'un psychanalyste américain R.J. Stoller, fondateur de l'Institut de recherche sur les problèmes de genre en Californie.

C'est avec une grande émotion que je rends hommage à son génie, à son talent et à ses aptitudes, car, en quelques minutes, elle sentit et apprécia les motivations profondes et l'intense détermination qui m'avaient guidée jusqu'à ce jour où je venais lui demander de statuer sur mon existence passée, présente et à venir.

Avoir la consécration immédiate et sans ambiguïté d'une personne dont la valeur était incontestée dans le monde, décuplait mon énergie motrice d'évolution. Dorénavant, personne ne pourrait tenter d'émettre un doute ou une critique sur l'être féminin que j'étais présentement, tout comme dans le passé. Elle m'indiqua l'adresse d'un certain nombre de spécialistes réputés, capables de me donner des précisions sur mon dernier temps opératoire, sur différents problèmes futurs concernant l'état civil, et l'acceptation de mon identité féminine par le « tout-puissant » ordre des médecins.

***

Londres, symbole de l'espoir des années 40, paraissait tout indiqué pour le dernier stade de ma renaissance. La France, qui déjà avait eu tant de difficultés à admettre la réforme de Luther et de Calvin, semblait aussi réticente à comprendre que certains « accouchements » n'étaient pas aussi simples ni totalement différents du processus ancestral. Il me fallait mettre mes compatriotes devant le fait accompli, ce que je déteste habituellement. La preuve et le bien-fondé d'une réalisation contraire à une idéologie solidement ancrée dans les esprits ne peuvent que compromettre la solidité de l'édifice. Point n'est besoin de se battre pour faire triompher le bon sens, il suffit d'attendre. Les hommes ont une sainte horreur de l'imperfection ou de l'erreur. Le jour où ils la constatent, ils s'arrangent pour dissiper ce qu'ils appellent alors un malentendu. Celui qui se bat pour faire triompher une idée est d'abord jugé comme un fou, puis il devient un héros. Je n'avais pas envie de me battre. D'ailleurs, je n'ai jamais su.

Un chirurgien de Londres avait une excellente réputation pour sa technique opératoire dans des transformations comme la mienne. L'Angleterre aussi était beaucoup moins éloignée que le Maroc. Trente-cinq minutes d'avion suffisaient pour y parvenir. Le jour de l'intervention pourrait être fixé à quatre ou six semaines plus tard, avec une hospitalisation probable d'une quinzaine de jours.

En vue de mon arrêt de travail, et consciente de l'attachement de ma clientèle, je devais prévenir mes malades de mon absence pour cause chirurgicale et leur annoncer qu'un confrère me remplacerait.

— Le mois prochain, je ne serai pas là.

— Ah ! Vous partez en vacances ?

— Non, j'entre en clinique pour subir une intervention chirurgicale.

— Pourquoi, vous êtes malade ?

— Non, je vais me faire opérer pour devenir une femme comme les autres.

C'est alors que je reçus le plus grand et le plus chaleureux témoignage de reconnaissance et de sympathie. A un mot près, plusieurs personnes me firent exactement la même réponse :

— Que vous soyez un homme ou une femme, cela nous importe peu, du moment que vos soins nous apportent toujours autant de satisfaction, le reste ne concerne que vous.

Il m'a fallu entendre cette courte réplique plusieurs fois pour que je commence à avoir une idée de ma valeur professionnelle. Ma transformation lente et progressive avait toutefois fait naître de sérieuses craintes dans certains esprits. Les patients qui me voyaient fréquemment subissaient mon évolution en s'efforçant de s'adapter, mais ceux qui ne me consultaient que deux ou trois fois par an constataient une telle différence d'une rencontre à l'autre que plusieurs d'entre eux ne pouvaient suivre. Ils craignaient véritablement que je ne sois atteinte d'une maladie qui ne pouvait que perturber mon esprit et, en conséquence, les traitements que je leur proposais.

En dehors de mes ensembles pantalon-chemisier, j'avais commencé à me faire les ongles. Au début, j'utilisais une laque transparente, mais maintenant, un rouge harmonieux lui avait succédé. Je portais également des chaussures à talons moyens sans équivoque. Aussi souvent que cela m'était possible, lorsque je sentais que quelqu'un désirait comprendre ce qui m'arrivait, je prenais le temps nécessaire pour lui expliquer clairement mon évolution. Je remarquais, chaque fois, un soulagement chez mon interlocuteur. Le bon sens et la certitude de mes affirmations avaient toujours l'effet salutaire que je souhaitais.

Je m'envolais donc pour Londres confiante en l'attachement inébranlable de la plupart de mes clients. J'étais précise au rendez-vous fixé par le chirurgien. Ce dernier ne parlait pas un seul mot de français. Mon anglais n'avait bénéficié d'aucun entraînement depuis plus de vingt-cinq ans. Je m'exprimais avec lenteur et difficulté. J'avais remis à mon futur modeleur un compte rendu de mes recherches et constatations en matière de traitements par les hormones femelles. Très indécis, bien que constatant le succès de ma première intervention, il ne semblait pas comprendre comment j'étais parvenu jusqu'à lui sans suivre la filière obligatoire qui exige le psychiatre avant le chirurgien. Lorsqu'il me demanda si j'avais déjà ingéré des hormones, je compris que je ne pourrais pas le convaincre.

Le fait que je n'exerce pas encore ma profession « en jupe et en jupon » le contraria. Il ne se rendait pas compte qu'une clientèle de médecine générale à la campagne n'était pas semblable à celle d'un chirurgien. Mon rôle de médecin devait être, avant tout, sécurisant pour le malade. Je n'avais aucune raison d'afficher, plus rapidement que je ne l'ai fait, ma vraie nature. Mon respect du client passait bien avant mes considérations personnelles sur l'erreur de mon sexe d'assignation.

Les Anglais sont des gens méthodiques. Ils n'apprécient pas d'être bousculés dans leurs habitudes sacro-saintes. Personne ne pourra jamais leur faire prendre leur *five o'clock tea* à quatre heures. Pas moins britannique que les autres, ou peut-être par doute de commettre une erreur dans son appréciation sur une future consœur, le chirurgien m'orienta vers son psychiatre habituel. Il me précisa qu'en principe il n'opérait que celles qui avaient vécu totalement comme une femme au moins depuis un an. La bénédiction du spécialiste des maladies mentales ne pouvait m'être donnée que la semaine suivante. Celle d'un psychanalyste, comme Mme Marvel, complétée par celle d'un de ses confrères londoniens auquel elle m'avait adressée me semblaient nettement supérieures, mais je ne suis pas contrariante. Le résultat négatif de la journée me bouleversa malgré le vague espoir d'une infirmation du psychiatre.

Le mercredi suivant, j'entrai dans le cabinet du psychiatre. Je fus frappée par le peu de lumière de la pièce uniquement éclairée par une verrière aménagée dans le plafond au-dessus du bureau. Seule passait la grisaille de

Londres à travers des vitres dont la transparence était fonction du nettoyage plus ou moins récent. Cet homme bedonnant était aussi bien assis sur son fauteuil que dans sa psychiatrie, mais il avait l'avantage de s'exprimer en français.

— Vous désirez être une femme, me dit-il d'un ton un peu ironique, mais vous ne serez jamais une vraie femme.

Je ne savais comment le lui expliquer, même en français, mais j'avais la nette impression qu'il était en dehors de la question. Si j'avais pu lui fournir une explication plus précise de mon état, comme je l'ai fait plus tard, je lui aurais répondu : « Je ne tiens pas à être une femme, encore moins à me faire mutiler. Il y en a eu assez en France lors de la dernière guerre. Je souhaite seulement être opérée pour ne plus être un homme. » Cette réponse m'aurait peut-être fait admettre dans la catégorie des schizophrènes qui ont un don spécial pour le dédoublement pathologique de leur personnalité.

— Je suis en possession dit-il de votre dossier comportant vos recherches sur vous-même en hormonologie ainsi qu'un rapport très favorable d'un psychanalyste de Londres.

— Que pensez-vous alors ? (Mon visage avait repris une lueur d'espoir.)

— Le chirurgien vous a précisé qu'il vous fallait vivre un an comme une femme, après quoi, il décidera.

Cette façon de « vices sans fin » du chirurgien m'envoyant au psychiatre qui me renvoyait au chirurgien, eut le don de me mettre dans un état dans lequel tous les Anglais perdaient leur prestige si chèrement acquis en 1919 et en 1944. D'un seul coup, je n'avais plus du tout envie d'être opérée par un Anglais. Peut-être que, sous anesthésie, il aurait été capable de me greffer des organes identiques à ceux que j'avais enlevés, qui sait ? Le psychiatre ne se doutait absolument pas de ce qui me parcourait l'esprit. Pourtant il devait avoir remarqué quelque chose.

— Je n'attendrai pas, annonçais-je timidement.

Peu habitué à entendre de telles réflexions de la part d'une femme, il ne sut dire en français : « Allez-vous faire voir ailleurs. »

— Allez à Casablanca, maugréa-t-il alors.

— C'est beaucoup trop loin, répondis-je en adoptant le ton de sa conversation.

L'examen de Londres n'était pas un échec. Le jury, cette fois, se caractérisait par son incompétence. Depuis ma rencontre avec Mme Marvel, j'avais pris une assurance à toute épreuve. En ce sens, mes deux voyages en Angleterre renforçaient la validité de son jugement.

Dès le lendemain, une nécessité nouvelle et absolue s'imposa : le port du pantalon n'avait plus sa raison d'être. Je devais, maintenant, travailler dans une tenue féminine classique. Le dernier samedi de février, je n'avais que trois visites à faire dans l'après-midi, toutes chez des clients qui suivaient ma métamorphose avec respect. Après le déjeuner à mon restaurant habituel, je rentrai à mon domicile pour me vêtir d'une jupe plissée écossaise et d'un pull assorti moulant bien ma poitrine. Le temps couvert autorisait un imperméable d'une coupe féminine qui, éventuellement, éviterait un choc trop brutal. Quelque peu inquiète, mais heureuse, je retournai au restaurant pour solliciter l'appréciation qualifiée de la patronne, Mme Lenoir, qui suivait avec intérêt mon cheminement.

— C'est parfait, affirma-t-elle, sur le ton sécurisant qui lui était habituel.

Réconfortée, « madame le docteur » s'en alla faire ses premiers pas. Je constatai alors un étrange phénomène : je pouvais marcher sans crainte et totalement à l'aise.

Je pressentais le jugement des personnes à voir, il ne pouvait être négatif. Je sonnai néanmoins avec une certaine émotion au domicile de M. et Mme Rodin, puis chez les Melvil et enfin chez les Bertin. Pour la première fois j'associais ma complète féminité à ma fonction. Mais, à aucun moment je ne fus perturbée par l'idée d'être mal jugée.

Les noms des témoins de ce grand jour s'effacèrent rapidement de ma mémoire, au même titre que ceux d'une quelconque journée de travail. En revanche, la date du samedi 23 février, comme celle du 1er avril de l'année précédente, restera à jamais gravée. Deux ans plus tard, j'ai retrouvé mon carnet de rendez-vous sur lequel, à cette date, figuraient les noms de ces trois familles. J'étais persuadée qu'ils se rappelaient du premier jour où leur médecin, devenu une femme, s'était présenté à eux. Avec le recul du temps, je souhaitais connaître leur réaction, car leur attachement inconditionnel pendant toute ma période de transition traduisit une faculté exceptionnelle de percevoir et de discerner la sagesse et le bon sens. Je leur téléphonai. Chacun se souvenait parfaitement.

Chez les deux premiers couples, les réactions avaient été différentes chez le mari et la femme. Pour Mme Rodin, me voir ainsi l'avait soulagée car, me dit-elle : « Votre aspect ne présentait plus d'équivoque ; vous étiez devenue réellement femme, ce qui allait faire cesser les propos malveillants et pénibles pour ceux qui vous apprécient. » M. Rodin nuançait ses impressions : « Le personnage qui se présentait à moi n'était plus le même. Il était d'une autre nature, mais gardait la même fonction. L'idée d'une déviance psychologique ou sexuelle ne m'est jamais venue à l'esprit. J'ai accepté parce que c'était le normal qui était présent devant moi. »

Mme Bertin résuma ainsi mon apparition : « Lorsque vous êtes arrivée, toute ma famille était présente. Ni mon mari, ni mes enfants, ni moi n'avons trouvé votre tenue choquante ou anormale, d'autant plus qu'elle vous allait très bien. Mon mari, qui est un passionné de haute couture, après votre départ, confirma mes impressions avec son humour habituel : “ Tu lui diras que sa jupe dépasse légèrement de son imperméable, elle ne s'en est sans doute pas aperçue, je pourrais lui faire cette petite rectification afin que rien ne la dépare. ” »

Si j'avais eu, à cette époque, connaissance de ces merveilleux témoignages, il me semble qu'une joie comparable à celle du paralytique qui, à la suite d'un miracle, se met à marcher, m'aurait inondée. Je laissai encore passer une semaine en conservant mon déguisement d'homme. Mais à la suite de cette première présentation concluante, le samedi suivant, 1er mars, dès la consultation du matin, je revêtai définitivement la tenue qui me seyait pour la simple raison qu'elle était mienne.

Une impression de soulagement généralisé gagnait la totalité de mon entourage professionnel. Il ne s'agissait pas d'une simple approbation mais d'un sentiment assez proche de celui que l'on éprouve au réveil, après un mauvais rêve. Le « ouf » traditionnel en ces circonstances se traduisit en ces termes :

« Maintenant nous savons que nous pouvons vous appeler " Madame ". »

Remplie de compassion, je leur demandais d'oublier les tracas que je leur avais fait subir. Je leur promettais secrètement que, devenue définitivement femme médecin, je ferais l'impossible pour les remercier de tout mon cœur de l'aide qu'ils m'avaient si généreusement apportée par leur patience, leur compréhension et leur sereine fidélité. C'est grâce à leurs jugements encourageants, avant mes voyages à Londres, que je franchis sans heurts cette dernière étape. Le chirurgien anglais qui me conseillait d'exercer mon métier un an habillée en femme avant de m'opérer n'y était pour rien. J'avais coupé les ponts du « Channel ».

Maintenant, enfin, je vivais vingt-quatre heures sur vingt-quatre. Chaque minute de chaque journée m'apportait un souffle de bonheur. Je ressentais l'harmonie complète et même la symphonie fantastique de ce qui représentait, depuis peu de temps, ma vie.

⁂

Quelques semaines s'écoulèrent. Après le déjeuner, je passais régulièrement au cabinet médical pour jeter un coup d'œil sur le courrier et parcourir les journaux et revues arrivés au courrier.

Incidemment, je tombai sur l'annonce d'un symposium médical (MEDEC) dans le programme duquel était annoncée une conférence-débat sur « le phénomène transsexuel ». C'était l'occasion de me dévoiler devant le monde de la médecine et des médecins. Depuis plus de trois ans que je me transformais, je n'avais jamais demandé un conseil thérapeutique ou une orientation psychologique. J'ai toujours agi toute seule et, seulement par la suite, je demandai l'approbation ou la consécration de mes agissements. J'avais convaincu un public de vacances ; puis une psychanalyste compétente. Je venais de persuader ma clientèle, j'allais maintenant affronter le jugement du corps médical dans son ensemble.

Lors d'une réunion de ce genre, il devait y avoir dans l'assistance bon nombre de transsexuels parvenus à l'acmé de leur réalisation. En me faisant toute petite, j'apprendrai certainement tout ce que j'ignorais encore. Des endocrinologues, des psychanalystes, peut-être des psychiatres et des chirurgiens viendraient présenter ou décrire les miracles des multiples métamorphoses pratiquées sur leurs clients. Mon autodidactisme, en la matière, avait engendré de multiples erreurs, qu'il me fallait sans cesse réparer. Sans aucune indication et sans posséder le manuel du parfait transsexuel ou la méthode « comment changer de sexe » en 35 leçons et sans larmes, je ne ressemblais certainement pas au modèle du genre. Indiscutablement, une telle conférence m'apporterait des éléments nouveaux.

Sophie m'accompagna. Il vaut toujours mieux être deux pour affronter quoi que ce soit. Si la conférence n'était accessible qu'aux médecins, je la ferais passer pour ma secrétaire. Nous prîmes place dans la salle alors qu'un aréopage de gens de valeur s'installait à la tribune : un professeur d'endocrinologie, un médecin spécialiste des problèmes sexuels qui dirigeait le débat, un chirurgien esthétique qui avait réalisé plusieurs transformations de femmes en hommes, un écrivain, un ecclésiastique et même un membre du conseil national de l'ordre des médecins. Je serrais fortement la main de Sophie comme la fillette assistant pour la première fois à la projection d'un film fantastique.

Lorsque chacun des orateurs eut pris la parole, ma première constatation, sans valeur, fut qu'il n'y avait aucun transsexuel parmi eux. Lorsque le débat fut ouvert, je fus littéralement frappée de constater qu'il n'y en avait pas d'autre que moi et que rien ne sortait du débat en dehors de quelques affirmations banales. Personne ne semblait se préoccuper des véritables énigmes et embûches du traitement que j'avais rencontrées maintes et maintes fois au cours de mon évolution.

Une dizaine de minutes passèrent. Visiblement, les participants n'avaient rien à dire, mais tous étaient à l'affût d'une quelconque information leur permettant d'avoir une petite notion d'un problème que pratiquement tous ignoraient. Sophie, qui me connaissait presque mieux que moi-même, me voyait trépigner sur mon siège. Elle savait pertinemment que ce comportement précédait une manifestation explosive et elle commença à s'inquiéter. Elle ne se trompait pas : quelques secondes plus tard, je ne sais par quel mécanisme, je levai la main pour demander la parole. Un participant avait dû dire une ineptie que personne ne relevait. On me tendit un micro.

L'émotion me prit à la gorge, dans la crainte de dire une sottise. Je posai une question concernant l'équilibre hormonal. Convaincue que personne ne donnerait une réponse, je la fis aussitôt sans attente intermédiaire. Puis, je continuai avec une autre question suivie de sa réponse. Mon mini-discours insuffisamment préparé inquiéta sérieusement l'organisateur du débat : une jeune femme blonde, séduisante, vêtue d'un élégant tailleur de lainage rose semblait avoir plus de connaissances sur ce problème que le plus compétent spécialiste.

— Madame, demanda-t-il, auriez-vous l'obligeance de nous indiquer vos coordonnées ?

— Je suis médecin, annonçai-je, transsexuel, psychologue et j'exerce actuellement dans une bourgade de 5 000 habitants dans laquelle j'exerçais en homme avant ma transformation.

Cette révélation totalement inattendue médusa littéralement la salle et les conférenciers. Il s'ensuivit un silence d'une quinzaine de secondes. Pourtant, je ne leur avais pas demandé d'observer cette minute de silence.

Mon « pedigree » éveilla la curiosité. Pour répondre au désir des participants, j'exposai brièvement mon déterminisme et mes motivations ainsi que mon opération solitaire. Mon monologue déclencha une salve d'applaudissements qui m'étonnèrent car je ne pensais pas avoir dit quoi que ce soit d'extraordinaire.

A la fin du débat, je reçus les félicitations de l'ensemble des conférenciers, de journalistes et de nombreux participants. Stupéfaite, voilà que moi qui étais venue pour parfaire mes connaissances, je ressortais avec une consécration nouvelle, celle d'une société médicale intéressée par le transsexualisme.

Un médecin journaliste composa sur mes indications un article dans une revue médicale à large diffusion. Ce fut la fin de ma vie secrète que, seuls, mes clients et quelques privilégiés connaissaient.

D'autres journalistes me demandèrent, par la suite, une interview que j'acceptai dans le double but d'encourager ceux qui pouvaient être dans la même situation que moi, et de prouver à la société que la transsexualité réelle devait être admise comme un phénomène normal. Nous n'étions ni des malades hormonaux, ni des pervers sexuels. Mes clients l'avaient compris et me témoignaient leur confiance ; les médecins, les juristes, puis le législateur devaient adopter la même attitude.

Mon changement de sexe, aux yeux de tous et dans l'exercice de ma profession pour laquelle les contacts humains sont fondamentaux, ne recevait pas une approbation générale. Mes détracteurs, mes calomniateurs, les cancaniers et les potinières des boulevards à ragots de la ville auraient certainement remporté un succès éclatant à un sondage de l'Ifop ou de la Sofres. Parmi eux figuraient des individus qui m'avaient juste aperçue, mais aussi des notables et des médecins. Mes clients, en général, m'approuvaient ou, tout au moins, s'abstenaient sagement de juger, conservant leur confiance au médecin.

Quand j'étais encore déguisée en homme, des jeunes garçons gouailleurs me criaient dans la rue : « Bonjour madame. » Ils étaient loin de penser que leur qualificatif ne me déplaisait pas. D'ailleurs, je leur répondais par un petit signe de la main approbateur et gracieux. Puis, lorsque je me suis présentée sous un aspect nettement féminin, leurs quolibets cessèrent. Ils semblaient comprendre que prêcher une vérité opposée à celle de la veille ne pouvait que les rendre ridicules aux yeux de leurs copains.

Les réactions des jeunes filles prirent la relève. Certaines d'entre elles balbutiaient, alors que je prenais congé de leurs parents : « Au revoir, monsieur. » C'était sans doute moins dangereux de dire « au revoir » dans le dos, que « bonjour » en face d'une personne dans la mesure où cette expression traduit un mécontentement. Dire « monsieur » à une femme signifiait que mes jeunes houspilleuses traversaient leur crise d'originalité juvénile dont le caractère stagnant contrastait avec mon évolution manifestement heureuse et peut-être enviable. Leur opposition volontairement malveillante s'adressait à travers moi essentiellement à leur mère, mais aussi un peu à leur père. Pour elles, l'un et l'autre ajoutaient à une éducation vieillotte et rétrograde, l'idée de faire appel à moi pour des conseils médicaux ou psychologiques.

Cette réplique maladroitement déféminisante exprimait en un mot une phrase très complexe du genre : « Ce n'est pas parce qu'elle est devenue une femme, et moi pas encore, qu'elle va avoir un droit sur moi ; pas plus que ma mère. » Ou bien : « Je n'admets pas qu'elle ait compris et rapporté à mes parents, si rapidement, le petit chantage que je leur faisais. Si je lui dis " Madame ", c'est que j'accepte son diagnostic et me dévalorise à leurs yeux. » Ou encore : « Elle a acquis sa féminité et ses avantages plus rapidement que moi. J'en suis un peu jalouse, mais je pourrai raconter à mes copines que j'ai eu le courage de lui dire " au revoir, monsieur " au nez et à la barbe de mes parents. »

Un soir, alors que je travaillais à mon bureau, la sonnerie du téléphone retentit, comme à l'accoutumée. Je décrochai. Après quelques secondes de silence, j'entendis une voix féminine m'énoncer, sur le ton du signal des pompiers :

— Pédé, pédé, pédé...

Probablement que cette communication anonyme résultait d'un pari stupide. Il avait fallu du courage ou de la contrainte à la correspondante pour manifester ainsi son ignorance. Je regrettai qu'elle ne m'ait pas donné le temps de lui apprendre quelque chose. Raccrocher le récepteur téléphonique c'est fermer une porte concrètisant l'inutilité du geste et la vanité de son auteur.

Une jeune femme, qui m'avait appelée en consultation, se posait de nombreuses questions à mon sujet mais n'osait les formuler. Je la mis en confiance car la compréhension d'un phénomène vaut mieux qu'une interprétation fausse.

— Mais, me demanda-t-elle quelque peu intimidée, vous avez un vagin comme moi ?

— Bien sûr, répondis-je le plus naturellement du monde.

— Mais, à quoi vous sert-il ?

Cette question sensée fut la seule réellement valable qui m'ait été posée. Ma réponse ne pouvait traduire qu'une profession de foi.

— Mon vagin sert et servira à donner du plaisir à l'homme que j'aime, car je ressens comme chaque femme amoureuse la nécessité de lui accorder cette partie de mon corps. Son équilibre implique une sexualité et une tendresse indissociables. Puisque je l'aime et tiens à conserver son amour, je tiens aussi à lui apporter cet équilibre qui représente la base des relations entre un homme et une femme.

Mes détracteurs, plus d'hommes que de femmes, manifestaient une désapprobation craintive ou un rejet pour une métamorphose qui les traumatisait. Leurs réactions, variées et imprévisibles, semblaient traduire un trait de leur personnalité évoquant l'attachement qu'a l'individu pour son sexe et la défense de sa sexualité. Leur refus d'admettre qu'un de leurs semblables puisse devenir une femme s'exprimait de différentes façons :

— Même habillée en femme, je lui dirai toujours monsieur, s'exclama un maçon d'un village voisin.

L'inversion complète et brutale de mes habitudes vestimentaires donna à certains l'impression que je dissimulais un vice, d'autant qu'il survenait à l'âge de raison. Pour ces individus à principes immuables, les hommes se composent de gens normaux et de pédérastes et les femmes sont des êtres à fonction complexe comportant une partie réelle et une partie imaginaire. Du moment que j'avais été déclarée homme à ma naissance, c'est que je possédais une conformation anatomique sexuelle mâle qui n'était pas la conformité femelle.

Le problème de savoir ce que cachait ma jupe intriguait beaucoup les hommes. L'un d'eux me demanda si je me rendais de temps à autre à la piscine. Me voir en maillot de bain, voire en bikini, aurait probablement apporté une solution à son inquiétude. La plupart refusaient de croire à la réalité de mon opération. Un de mes proches confrères clamait à qui voulait l'entendre, que mon auto-intervention n'était qu'utopie et, le fait d'en parler, une manifestation caractéristique du délire. Commérages ! ! ! Commérages ! ! ! que de niaiseries...

Depuis que la femme a fait son entrée dans les professions médicales et que les plus résistantes sont devenues médecin de campagne, certains hommes se sont jurés de ne jamais se faire soigner par elle. Leur instinct dominateur est incompatible avec la tacite soumission qu'implique l'examen médical. Cette réaction n'est d'ailleurs pas uniquement réservée aux femmes-médecins, mais ce type d'hommes est incapable de dissocier la nature de la fonction. « Je ne vois pas pourquoi le docteur est devenu une femme, disait l'un d'eux, elle va perdre tous ses clients. »

Un vieux séducteur de quatre-vingt-cinq ans, au regard charmeur, formula la seule critique sensée : « Pourquoi êtes-vous devenue une femme ? Quand on est un homme c'est si bon de tenir une jolie fille dans ses bras. » La seule réponse, que je n'osai lui faire, consistait à regretter la bonne quarantaine d'années qu'il avait en trop.

Les hommes qui, verbalement et ouvertement, refusaient mon nouveau genre, à l'aide d'arguments d'ordre sexuel toujours faciles à trouver, de même que ceux qui se repliaient sur eux-mêmes par inhibition, démontraient l'existence de leur complexe de castration. Leurs réactions se rapprochaient de celles qui provoqueraient la question : « Pensez-vous être capable d'en faire autant ? » Le mystère de l'évolution dite transsexuelle semblait constituer pour eux une menace de dévirilisation.

La crainte de la castration, engendrée au cours de l'enfance et enfouie dans l'inconscient, réapparaîtrait brutalement devant l'image que je représente pour eux : « la femme-châtrée », traumastisme de leur enfance. Ma réalité acceptée affaiblirait leur genre masculin si difficilement conquis.

Les hommes ne pardonnent pas aux déserteurs ! Celui qui admet, à la rigueur, mon changement de sexe, ne parvient pas à faire abstraction, dans son esprit, de ma masculinité première. Pour peu qu'il perçoive une attirance pour la femme que je suis devenue, l'angoisse de ses tendances homosexuelles lui fera me repousser de toutes ses forces.

La réaction des femmes montrait une meilleure compréhension de mon évolution. Le fait de rallier leur clan le valorisait. Elles louaient le courage et la ténacité d'une telle entreprise et glorifiaient le triomphe de la volonté. Cependant, j'ai rencontré deux catégories de femmes nettement hostiles ou contrariées.

Je ne comprenais pas, aussi facilement que pour les hommes, la raison profonde de leurs contestations. Toutefois, en regroupant les points communs à chaque type de réaction, j'en arrivai à émettre diverses hypothèses : peut-être qu'une femme refusant sa féminité, préférant être un homme, ne pouvait admettre que je rejette l'immense privilège d'en être un, que j'anéantisse ma virilité pour devenir un être, à ses yeux, inférieur. D'autres, par contre, avaient pu, avant ma transformation, être admiratives, voire amoureuses d'une nature ou d'une fonction qu'à leurs yeux je représentais. Une femme attirée par un homme qui devient comme elle, peut manifester une réaction de rejet. Je comprenais parfaitement ce genre de réaction.

En dehors des réactions individuelles des hommes et des femmes, un groupe d'individus fomentait une véritable coalition destinée à faire disparaître le monstre indésirable que je leur paraissais être. Leur rang, leur notoriété et leurs fonctions dans la commune leur accordaient tous les pouvoirs. Médecins, vétérinaires, dirigeants municipaux s'unissaient devant le péril comme les Bourguignons, Jean de Luxembourg et les Anglais s'unirent contre Jeanne d'Arc. Fort heureusement, le crime de sorcellerie n'est plus d'actualité, ce qui m'évita le bûcher et une gloire posthume, peu probable, sur un cheval ou son équivalent au milieu d'une place d'Orléans.

CHAPITRE V

LA NAISSANCE D'UNE FEMME

Le positivisme est la philosophie d'Auguste Comte. Il prétend que « l'esprit humain doit renoncer à connaître l'être même des choses, et se contenter des vérités tirées de l'observation et de l'expérience des phénomènes. »

La vérité tirée de mes observations et la consécration des différentes phases de mon évolution réclamaient une solution de remplacement à l'échec de mes perspectives londoniennes. Le mois de mai, caractérisé par l'abondance des roses et des jours fériés, venait de commencer. Il était temps de parachever techniquement ma féminité.

A Amsterdam, un spécialiste de chirurgie plastique avait une renommée mondiale dans le domaine qui m'intéressait. Il avait même participé à la réalisation d'un film relatant une métamorphose semblable à la mienne. Ce fut d'ailleurs par le producteur même que j'obtins ses références. Profitant du cumul d'un jour férié et de mon jour de repos hebdomadaire, je me lançai, avec Sophie, à la poursuite de mon objectif, toujours par l'autoroute du Nord. Seize mois plus tôt, ce même chemin nous avait conduites à Liège. Après cinq heures de trajet non-stop, nous fîmes notre entrée dans la ville aux multiples canaux. Les Hollandaises, raisonnables, portent pratiquement toutes des chaussures pareilles à celles des joueurs de tennis. Les miennes, très parisiennes, à talons effilés, me permettaient la démarche d'un mannequin lors d'une présentation de mode. A peine étais-je sortie de la voiture que je compris le réalisme des Hollandaises. Les rues, comme les trottoirs, étaient revêtus de pavés arrondis par l'érosion et espacés de telle façon qu'à chaque pas un de mes talons pouvait s'insérer dans un interstice et risquait de se briser.

Nous eûmes beaucoup de mal à prendre contact avec le chirurgien, qui avait oublié mon rendez-vous. Grâce à la sollicitude de plusieurs autochtones, le quadrillage systématique de la ville nous permit de retrouver mon sympathique sculpteur à tête de linotte. Il nous reçut à la manière chaleureuse de ces pays à influence nordique. Notre conversation s'engagea en allemand. Pendant quelques instants, je fus très inquiète à l'idée de rencontrer la même difficulté d'entendement que chez le chirurgien de Londres. Puisant dans mes lointains souvenirs scolaires, je le priai de bien vouloir poursuivre notre entretien en français. Ses connaissances et sa pratique en cette langue se révélaient nettement supérieures aux miennes en allemand.

Après un examen aussi bref que son questionnaire, il n'éleva plus aucune objection pour l'achèvement de mon esthétique féminine. Seule, la date de l'intervention serait fixée ultérieurement après concertation et programmation indispensables avec son psychologue et sa clinique. Bien que son carnet de rendez-vous opératoire, pour des interventions telles que la mienne, fût complet pour les dix-huit mois à venir, il pensait pouvoir me faire bénéficier d'une défection, relativement fréquente semblait-il, parmi les futurs opérés des six prochains mois. Sur ma demande, un peu indiscrète, il me précisa qu'il avait déjà réalisé plus de cent trente-cinq interventions identiques sur des individus venus de toutes les parties du monde. Je le quittai, radieuse. Dans la rue, je sautai de joie au cou de Sophie. Ce fut un véritable miracle si je ne laissai pas mes deux talons entre les pavés.

Bien que la tombée du jour fût encore éloignée, il me semblait que toute la ville était inondée de lumière comme pour un jour de fête. Brusquement, je compris pourquoi la Hollande, et plus particulièrement Amsterdam, avait été le berceau du génie des grands maîtres de la peinture. Une luminosité extraordinaire associée à un mode de vie généreux et positif, ne pouvait que susciter un art dont le renom ne se ternira jamais. La lumière et la vie sont les sujets de la plupart des œuvres néerlandaises si riches en portraits et scènes humaines.

Un mois plus tard, je reçus la convocation pour mon séjour en clinique. La « larve » de femme que j'étais allait devenir chrysalide, en entrant dans son cocon de soie hollandaise, le 13 août suivant. Après deux semaines d'évolution, mes modifications complètes seraient achevées et comme pour les petites libellules bleues, je serais appelée « demoiselle ».

La deuxième quinzaine d'août me convenait particulièrement. Cette période de vacances en France entraîne une activité professionnelle réduite. Pour cette dernière intervention, il était indispensable que je sois endormie. A l'âge de trois ans, je l'avais été, une première fois, pour simple décollement préputial. A mon réveil, ma mère me tenait la main et me souriait. Sa présence, à cet instant, m'avait apporté une sécurisation symbiotique qui ne fut sans doute pas étrangère à ce que je désirais pour ma « re-naissance ».

Je souhaitais ardemment sentir après cette seconde mort artificielle une présence féminine. Un contact réel me paraissait indispensable. L'anesthésiste éteindrait le reliquat de ma vie d'homme, seule une femme qui m'était affectivement liée, pouvait, en prenant ma main, m'introduire dans ma nouvelle vie de femme.

Bien avant de connaître où et par qui s'achèverait définitivement mon existence d'homme, j'avais choisi Sophie pour cette fonction. Son rôle de femme sage pendant toute ma gestation impliquait *de facto* qu'elle prononçât les mots fatidiques aux premières secondes de la vie : « C'est une fille. » Affirmation sacramentelle qui m'ouvrait la porte de mon existence réelle. Il me semblait normal que, cette fois, après tant d'efforts et d'acharnements, j'entende, comme le nouveau-né, ma première vérité.

Par le Trans-Europ-Express « Parsifal », nom de la dernière et la plus émouvante œuvre de Wagner, le dernier et le plus émouvant voyage de mon ambiguïté corporelle se réalisa le 12 août lorsque le train quitta la gare du Nord à l'aube.

Sophie, mon modèle du genre, m'accompagnait. Elle

resterait à mon chevet jusqu'à mon retour à la vie. Nous retrouvâmes à Amsterdam le même hôtel qu'à notre premier séjour. Le dernier soir, avant mon entrée en clinique, nous décidâmes de marquer l'événement par un repas de circonstance. Le meilleur restaurant de la ville nous sembla parfaitement indiqué pour nos agapes. C'était comme si je désirais « enterrer ce qui me restait de ma vie de garçon ».

Le lendemain en arrivant à la clinique, je subis l'habituelle routine du bilan biologique complet et m'installai dans ma chambre. Les infirmières s'affairaient aux derniers préparatifs. Le chirurgien me consacra la visite d'usage. Enfin, l'anesthésiste entra presque triomphalement en s'exclamant : « Bonjour, mademoiselle. Tout va bien. L'opération débutera demain à 9 heures. » Bien que je n'eusse pas l'air d'une vieille fille, j'aurais préféré qu'il m'appelât « madame », mais je n'avais aucune raison d'être contrariante. Je le suppliai de m'indiquer, lorsque je serai sur la table d'opération, l'instant où il commencerait à m'anesthésier. Il me le promit.

A l'heure fixée, allongée sur le chariot des opérées, je franchis la porte de la salle réservée aux interventions aseptiques. L'ensemble du personnel indispensable avait revêtu la tenue de rigueur. Déjà prémédiquée et somnolente mais encore consciente, je sentis le gros trocart s'enfoncer dans la veine de la face supérieure de ma main gauche. La tubulure d'une perfusion y était fixée et les bulles d'air grimpaient, les unes après les autres, dans le flacon de sérum. L'anesthésiste s'approcha, une petite seringue à la main dont il enfonça l'aiguille dans une portion de tube réservée à cet effet. Il n'eut rien besoin de me dire, je sus que, dans moins d'une seconde, un sommeil profond m'emporterait vers un nouveau monde. Ce fut alors que je prononçai, à haute voix, les trois mots que je souhaitais prononcer à cet instant : « Merci, mon Dieu. »

Cette intervention était très traumatisante. Sophie attendrait à mon chevet mon réveil complet. Elle regagnerait Paris le surlendemain du jour de l'opération. Au moment de son départ, j'étais encore sous narcose. Je répondis brièvement à ses questions mais j'étais dans cet état où, seules, peuvent sortir des paroles traduisant une vérité profonde. Je compris ultérieurement comment cette situation de demi-conscience est exploitée en narco-analyse et pour supprimer tout mensonge lors d'un interrogatoire. Sophie, voyant l'heure de son départ arriver, se pencha vers moi pour m'embrasser et nous donner à toutes deux le courage de nous séparer.

— Je dois partir, maintenant, me dit-elle attristée. Tu ne t'ennuieras pas trop sans moi ? questionna-t-elle avec inquiétude.

— Oh si ! répondis-je seulement.

Dans mon demi-sommeil, j'étais incapable de construire une phrase destinée à rassurer Sophie. Seule, la vérité s'exprimait. Sophie savait que son départ et son absence me seraient difficilement supportables, mais le fait de me l'entendre dire d'une voix désespérée, la fit fondre en larmes. Ce fut très triste qu'elle arriva à Paris. Régis, son mari, en fut tout à fait désolé et lui proposa de reprendre le train le lendemain pour rejoindre sa brebis perdue.

Plus de soixante-douze heures après ma sortie de la salle d'opération, je repris suffisamment conscience pour téléphoner à Sophie car je n'avais aucun souvenir de son départ et je tenais à la remercier de son soutien physique et moral. Cependant, je souffrais encore passablement. Mon état nécessitait de bonnes doses de sédatifs. Le lendemain, quatrième jour de ma vie nouvelle, je me rappelai avoir appelé Sophie au téléphone. Régis m'avait répondu mais il ne me restait aucun souvenir de sa réponse. Cependant, il me semblait vaguement qu'il m'avait annoncé quelque chose d'important. Un peu plus réveillée que la veille, je redemandai Paris. Régis me répéta que Sophie venait de prendre l'express d'Amsterdam et qu'elle serait à mon chevet avant la fin de la journée. Cette fois, je restai bien éveillée pendant toute la durée de la conversation. Cette nouvelle me combla de joie. Je dus m'endormir durant les heures qui suivirent car il me parut que Sophie apparaissait à la porte de ma chambre immédiatement après l'annonce de son départ. Cette fois, il était entendu qu'elle resterait et ne partirait qu'en ma compagnie. Régis, ancien haltérophile, ayant épuisé son programme de Parisien du mois d'août, nous rejoindrait pendant les derniers jours. Un homme fort est toujours apprécié lorsque, encombrés de bagages, on effectue un voyage fatiguant. Je ne tenais pas encore sur mes jambes que déjà je pensais à reprendre mon activité professionnelle. J'obtins du chirurgien un visa de sortie pour le douzième jour suivant mon opération. Jamais, je n'avais passé, pour cause de maladie, autant de temps sans voir un client depuis que j'avais prêté le serment d'Hippocrate. Je tenais encore difficilement debout et ne pouvais m'asseoir. Malgré cela, je parvins au train dans lequel mes amis avaient réservé pour moi deux places face à face afin que je puisse m'allonger pendant la durée du trajet de retour.

Arrivés tous trois à la gare du Nord à une heure dite d'affluence, nous nous trouvâmes devant une considérable file d'attente de voyageurs désirant un taxi. Un agent, de toute sa hauteur administrative, surveillait le bon écoulement des arrivants dans les voitures. Régis, me voyant chancelante, se précipita vers le gardien de la paix pour solliciter une priorité en brandissant l'attestation du chirurgien précisant la nature et la date récente de mon intervention. L'agent en lisant « amputation du pénis » crut sans doute à une menace car, pâlissant sous son képi, il m'ouvrit la porte du premier taxi et la referma soigneusement, par sécurité.

Parvenue à mon domicile situé dans le même immeuble que celui de Sophie et Régis, je m'accordai trois jours de convalescence. Bien avant mon ultime opération, j'avais prévenu ma clientèle de la date de reprise de mon activité, sans soupçonner un seul instant qu'une intervention pareille nécessiterait un bon mois de repos. Bien que la position assise me fût douloureuse et inconfortable, je me remis au travail comme si je rentrais de vacances, à la différence près que les traits et le teint de mon visage ne reflétaient pas l'influence bénéfique du soleil sur une plage de la Méditerranée.

Et je retrouvai rapidement tous ceux sans lesquels ma vie aurait pu s'interrompre. Ce fut avec eux que se fit ma convalescence. Ils avaient compris et respecté les tribulations de mon existence passée, ils bénéficièrent de ma sérénité et des conséquences de ma merveilleuse joie de vivre.

Ma féminisation anatomique était, désormais, atteinte. Mon évolution physiologique, effective depuis quelque seize mois, mais entreprise depuis près de quatre ans, n'en était qu'à ses débuts. L'ablation de mes glandes génitales représentait, en effet, un déséquilibre hormonal considérable dont la remise en harmonie s'avérait longue et complexe. L'arrêt brutal de ma production d'hormones mâles entraînait une réaction violente de mon hypophyse, glande gouvernant toutes les autres, qui stimulait mes gonades éliminées comme si elles étaient encore là et ne fonctionnaient pas. A côté de ce bouleversement hormonal, le reste de l'intervention chirurgicale n'est que plastique, destructrice de masculinité et donnant une apparence féminine aux organes sexuels perceptibles. La féminisation fondamentale et impérative du système nerveux central consiste en une longue entreprise d'édification hormonale qui aboutira à une conformité féminine de mon corps et de mon caractère.

En reprenant — bien trop tôt — mon activité professionnelle, je me sentais détendue. Plus rien ne troublait ma représentativité, aucun élément de masculinité ne perturbait mon évolution lente mais certaine vers une identité harmonieuse.

***

Une quinzaine de jours après la conférence-débat sur la transsexualité, j'avais reçu une lettre de mon fils cadet, celui que j'avais porté sur mon cœur tant de nuits pendant les premières semaines de sa vie. Il m'annonçait qu'il avait terminé avec succès sa première année préparatoire à l'entrée de l'Ecole normale supérieure et désirait intensément poursuivre ses études pour passer le concours d'entrée, un ou deux ans plus tard.

Manifestement rien, dans ses propos, ne laissait supposer qu'il eût connaissance de l'évolution que je subissais depuis quelques années. Sa mère l'avait abandonné, matériellement parlant, en lui faisant comprendre qu'il était majeur, et qu'en conséquence il devait entièrement subvenir à son existence sans plus jamais compter sur elle. Elle ajoutait même que comme elle quittait définitivement la région, il devait se débrouiller pour son logement. L'internat du lycée l'abritait donc les jours de classe. Un de ses camarades le recueillait les autres jours. Il souhaitait me rencontrer rapidement, espérant trouver auprès de moi une solution à la poursuite de ses études.

Son appel désespéré fit vibrer mon cœur de mère. Je l'avais serré des heures contre moi à défaut de pouvoir le porter dans mon sein, mais il n'en avait plus souvenance et ignorait ce que j'étais devenue.

Ma réponse avait mentionné le fait qu'avant de nous rencontrer, il était préférable de nous « connaître », et j'avais joint à ma lettre un article de presse explicite ainsi que celui de la revue médicale. J'avais attendu sa réponse qui était arrivée deux semaines plus tard. L'adresse de l'enveloppe commençait par « Madame » et mon prénom y figurait au féminin. La joie de cette constatation fut telle que mes mains tremblaient en ouvrant la lettre. Je dus essuyer des larmes de bonheur avant de commencer à la lire. Mon enfant avait conservé, dans les profondeurs de son âme, le souvenir de la tendresse que je lui avais témoignée vingt ans auparavant.

Il s'exprimait ainsi : « Ton enthousiasme et ta détermination ne peuvent que susciter l'admiration, et mieux encore, le respect que toute personne qui se décide à aller à la rencontre d'elle-même sans compromis ni complaisance, inspire. Les journaux donnent l'écho de l'événement lui-même, celui qui est apparent, extérieur. Mais quelle est la nature du mouvement qui s'est déclenché en toi ? Tu m'en as dit deux mots, mais trop peu pour que je puisse me représenter clairement le sens précis de ton cheminement.

« Quoi qu'il en soit, la sincérité de cette force " jusqu'au-boutiste " témoigne de l'importance de ton entreprise. Autant cette révolution que tu as vécue en toi fait figure d'un pari avec la vie, avec l'humanité, avec toi-même, autant mon aspiration vers les sommets de la puissance apparaît comme un défi lancé à la face des dieux. L'élan qui m'emporte est irrésistible et je sens qu'il doit s'accroître encore davantage.

« A qui d'autre que toi pourrais-je confier cela ? Tu n'imagines pas combien ces réflexions m'isolent de ceux qui m'entourent. Mais la souffrance, la solitude ne sont-elles pas inhérentes à la grandeur de nos actes ? Seulement, il se trouve, de par tes propos, que tu m'apparais ainsi qu'une ouverture, c'est-à-dire ainsi qu'une oreille qui *écoute* et qui *entend*...

« ... Je veux concevoir tout ce qu'il peut y avoir de concevable jusqu'à balayer les limites de l'humainement possible. L'important est moins dans la nature de nos actes que dans leur réalisation qui doit être en accord avec nous-mêmes, c'est-à-dire avec nos passions. Ce n'est qu'à partir du moment où l'on se rencontre soi-même que le moindre de nos agissements devient positif. Il y a un égoïsme sain à servir ses propres intérêts car cela engendre l'amour de soi. Et n'est-ce pas de l'amour de soi, et seulement de là, que peut naître une réelle attention aux autres ?

« Il me semble bien que tu aies fait ce saut qui permet de goûter à la vraie vie, à la quintessence de la joie, qui permet l'épanouissement en soi de la plénitude. »

Ainsi, mon enfant chéri comprenait tout sans aucune explication préalable. Il semblait animé d'une même énergie pour atteindre le but qu'il s'était fixé. C'était bien un être issu de moi.

Ce n'est qu'après mon opération, à la fin de mon séjour à la clinique d'Amsterdam, que je répondis à sa lettre. J'annonçais ma nouvelle naissance et le commencement d'une vie réelle. Maintenant, nous pouvions nous rencontrer pour la première fois. J'étais impatiente de le revoir pour qu'il me connaisse enfin telle que j'avais été dans les premières nuits après sa naissance.

Cette « ré-union » était prévue pour les vacances de la Toussaint. Je lui fis part de la grande émotion que je ressentais. Je ne voulais surtout pas qu'il s'inquiète si, à l'instant où je le verrais, aucune parole ne devait sortir de ma bouche pendant de longues minutes, phénomène de blocage prévisible étant donné ma grande sensibilité.

Dans une lettre précédant son arrivée à Paris où je l'attendrais à la gare, il tenta de me rassurer, comme un grand fils le fait pour sa mère inquiète :

« Eh bien ! écrivait-il, dans deux semaines, le samedi 8 novembre, sur le quai d'une gare, deux personnes vont se rencontrer. Dans la foule bruyante, les pas pressés, les bousculades, les jurons, les rires, les appels tristes de ceux qui partent, les cris de joie de ceux qui arrivent, qui pourra se douter de ce qui se passe entre elles... Pour toute autre que ces deux-là, ce sera un événement banal en apparence, et pourtant...

« Ne te fais pas de souci, tout se passera bien. On ne peut qu'obéir à sa nature. Comment pourrait-on en vouloir à quelqu'un de cette obéissance ? Et puis, au fond, n'as-tu pas toujours été ce que tu es ? Même si tout était caché au fond de toi-même, tu restes la même personne. Ce qui peut apparaître comme un élément nouveau tient seulement au fait que je n'ai jamais vraiment connu cette nouvelle personne ; ce sera donc, à la fois, des retrouvailles et une première rencontre. »

A son arrivée, tout se passa comme je l'avais pressenti. Je l'étreignis dans mes bras, longuement. Telle une mère qui retrouve son fils après de longues années d'absence. J'étais si heureuse de l'avoir quelques jours avec moi. Il avait beaucoup grandi et me dépassait d'une tête. Sa longue chevelure foncée fuyant vers l'arrière lui donnait déjà l'allure d'un philosophe. Je me sentis petite à côté de lui, mais sa haute taille lui attribuait un rôle protecteur que j'appréciai immédiatement. Mon fils était devenu un homme imposant, suscitant l'admiration et le respect. Insensiblement, je me sentais devenir amoureuse au sens où une mère peut l'être en constatant la puissance virile qui se dégage de son enfant.

Durant son bref séjour, il me conta le rêve qu'il avait fait après avoir reçu ma lettre lui annonçant ma dernière opération en Hollande. Il se sentait fortement menacé de mort sans savoir par qui ni pourquoi. Son angoisse grandissait et la panique le poussait à chercher la protection de sa mère. Celle-ci le rejetait brutalement en se moquant de son inquiétude ridicule. C'est alors qu'il revenait vers moi qui étais devenue intégralement femme. Je l'accueillai dans mes bras pour le rassurer et le protéger. Il avait alors le sentiment que tout danger avait totalement disparu et son esprit retrouvait calme et sérénité.

L'interprétation de ce rêve, qui avait profondément marqué mon grand garçon depuis plus de trois mois, me paraissait simple. Même si mon explication ne fait pas l'unanimité des spécialistes, je préfère la conserver, comme seule valable. La menace de mort était une sentence provenant probablement de sa mère première. La seule façon d'en être certain était d'aller au-devant de celle-ci. Ou bien, comme devant toute personne normale et à plus forte raison une mère, il trouverait protection et sécurité, ou, au contraire, il serait mis en face de sa propre exécution. Le refus qu'il essuyait apportait la rupture définitive d'un attachement maternel fragile et, pourquoi pas, provisoire. Et ce rejet sans appel permettait à mon fils d'orienter la totalité de ses affects sur moi qui par mon comportement lui apportai cette affection maternelle et sécurisante qu'on venait de lui refuser. Après cette magnifique démonstration des profondeurs de l'inconscient, plus aucun doute ne subsisterait sur ma nature de mère retrouvée.

Dans les mois qui suivirent, je réalisai qu'un lien indestructible semblable à celui que je ressentais encore avec ma mère, s'était établi entre ce fils tant aimé et moi. Sa mère, autoritaire et irréductible, avait symbolisé une sorte d'image paternelle sécurisante superficiellement. Au cours de ses premières semaines d'adaptation à une existence autonome, j'avais par contre institué entre nous une union immuable que seule une mère peut instaurer avec son enfant. C'est bien ainsi qu'il l'avait lui-même vécue puisqu'il m'affirmait qu'il n'avait jamais eu l'impression d'avoir été séparé de celle que je serai éternellement pour lui. Rien ni personne ne peut détruire ou modifier les premières connexions de nos cellules nerveuses dont l'ensemble entre manifestement dans la constitution de notre instinct et de notre inconscient.

Mon fils avait pu constater ma renaissance à la vie par la conquête de ma véritable identité. Sortie des ténèbres, je déversais maintenant une sorte de lumière dont les effets rassurants imprégnaient, enfin, le premier de mes quatre enfants victimes de ma propre obscurité. Lorsqu'une année plus tard, il lira mes notes constituant une ébauche de biographie, il m'annoncera, après s'être rendu compte du drame de mon existence passée : « Au fur et à mesure de ma lecture, je sentais se lever les derniers barrages constitués d'éléments obscurs que je pouvais encore rencontrer en tentant de remonter le cours de ta vie. » Il m'était reconnaissant d'avoir enlevé les quelques pierres d'achoppement qu'il s'imposait de contourner pour concevoir l'imperturbable logique de mon existence. Qu'y a-t-il de plus troublant pour l'esprit que de ne pas comprendre les raisons des profondes perturbations de son enfance ?

Mon fils m'avait donné la plus extraordinaire consécration qu'une mère puisse recevoir : parce que le bon sens et la logique illustraient la vérité et la nécessité de ma transformation. Il l'avait acceptée avant même d'en avoir compris les mécanismes réels. Sa raison et son cœur me justifiaient. Comme Ronsard, il souhaitait que je puisse, dès maintenant, « cueillir les roses de la vie ».

Dans chacune de ses lettres, quelques mots traduisaient son approbation concernant ma nouvelle existence. Il manifestait son contentement de constater que je pouvais vivre désormais aussi pour moi, et non plus seulement dans l'unique but de guérir les autres. Il m'attribuait une de ses récentes découvertes sur la signification du bonheur qui consiste à vivre simplement, en jouissant quotidiennement et spontanément de ses sens, de son corps et de son esprit, tous réunis dans une même harmonie.

Au début de l'été, je lui fis parvenir une interview dans laquelle je faisais ressortir la richesse prodigieuse et pratiquement inconnue des traitements par hormones sexuelles. Il la trouva passionnante et me cita ces propos de Freud qu'il avait recherchés pour moi dans les plus récentes conférences sur la psychanalyse : « Disons maintenant, que la connaissance des hormones et de leur mode d'action nous donne pour l'avenir un grand espoir... Grâce aux hormones, nous serons peut-être, quelque jour, en mesure de lutter victorieusement contre les facteurs quantitatifs de la maladie, mais ce jour n'est pas encore arrivé. »

Il lui semblait que l'aube de ce jour venait de poindre à l'horizon. Je devenais une véritable pionnière de la recherche scientifique qui établissait un pont entre deux montagnes séparées par une large et profonde vallée désertique : les hormones et la psychologie. Le mystère de la toute-puissance des hormones femelles et mâles l'avait frappé. Il leur attribuait, sans nul doute, une des causes principales de mon équilibre et de mon rayonnement.

*
**

Moins d'un an après la première lettre de mon fils, une jeune fille se présenta au cabinet médical, en dehors des heures de consultation. Elle désirait me voir de toute urgence, mais refusait d'indiquer son nom ou le motif de sa visite. Ma secrétaire, dont l'intuition féminine jointe à ses compétences m'autorise à lui attribuer le qualificatif d'exceptionnelle, comprit que son tourment n'avait rien à voir avec les urgences médicales habituelles. Elle la mit en confiance. Quelque peu rassurée, ma « cliente pressée » avoua être ma fille cadette. Elle arrivait d'Allemagne dans l'espoir de me rencontrer, ne serait-ce que quelques minutes. Comme son frère, elle avait été abandonnée par sa mère alors qu'elle désirait s'instruire et apprendre un métier. Elle avait craint que le simple fait d'indiquer son nom, qui était aussi le mien, me fasse fuir. L'opinion qui lui avait été inculquée à mon sujet devait être voisine de celle de « l'abominable homme des neiges ». Elle avait eu connaissance de mon évolution par son frère sans toutefois concevoir l'importance et la véracité de son témoignage.

Dès que ma secrétaire m'eut prévenue par radiotéléphone, je me précipitai à la rencontre de ma fille pour l'étreindre dans mes bras. La même émotion que celle éprouvée quelques mois auparavant à Paris sur le quai de la gare me saisit et les mots traduisant ma joie de la retrouver ne purent s'exprimer. Après mon fils, ma fille comprenait l'ampleur et la nécessité du drame qui nous avait séparées. Les deux cadets de mes quatre enfants admettaient l'erreur par laquelle j'avais été contrainte de vivre une fausse existence. Brusquement, je sortais, à leurs yeux, d'une obscurité incompréhensible et malsaine. Plus rien maintenant ne s'opposerait à ce que je retrouve les deux aînés. Le temps ne compte plus lorsque l'on sait que le vrai triomphera du faux. Même si diverses contingences devaient les retenir encore de longues années, je suis persuadée que, dans un tout petit coin de leur cœur, quelque chose s'éveille à mon égard.

Cette belle et grande jeune fille concrétisait ce que j'aurais toujours dû être. Brusquement, j'éprouvais le besoin impérieux de lui montrer qui j'étais. Descartes affirme : « Je pense donc je suis. » Je souhaitais moi, justifier : « Je suis parce que je suis femme, comme toi. » Je lui dévoilai ma poitrine et mon sexe afin qu'aucun doute ne tracasse à jamais son esprit. Plus rien ne nous différenciait. Plus tard, je lui expliquerai la raison pour laquelle, un jour, à bord d'un voilier en Méditerranée, son corps avait été « exploré » par une main faussement qualifiée de « baladeuse ». Maintenant, je m'étais faite à son image, car son image correspondait à ma réelle nature.

Elle m'avait trouvée, et je l'avais retrouvée. Le temps nous manquait à l'une et à l'autre pour nous rapprocher mieux encore. Soucieuse de lui faire connaître le moindre détail de ma métamorphose, je lui remis un exemplaire d'une revue avec mon interview. Elle pourrait grâce à lui poursuivre, en quelque sorte, notre entretien.

Quelques jours plus tard, je reçus sa première lettre depuis ma révélation. Elle écrivait, convaincue : « J'ai lu l'article immédiatement, dans la voiture de mon ami qui me ramenait en Allemagne. Fantastique, tout ce qui y est écrit. Je n'ai jamais pensé que tout cela pouvait être réalisé et je te trouve superbe... » Elle poursuivit quelques jours plus tard : « J'ai déjà lu l'article plusieurs fois, je peux te dire que je suis comme fascinée... Je suis d'accord, entièrement. »

Des semaines passèrent, elle m'envoya une carte dessinée par un enfant de la crèche où elle travaillait. Elle avait écrit : « Tu n'es peut-être pas ma vraie maman, mais je te souhaite une bonne fête. » Emue aux larmes, je compris que c'était pour la fête des mères que ses pensées s'étaient tournées vers moi : « Je trouve que c'est une belle carte pour te souhaiter bonne et heureuse fête. Il n'y a pas de fleurs sur la carte, mais avec un peu d'imagination, on peut en voir beaucoup. »

Que pouvais-je espérer de plus que cette nouvelle consécration ? Ma fille avait à un tel point assimilé ma féminité, dès notre première rencontre, que plus jamais elle n'a utilisé un terme ou un adjectif me concernant autrement qu'au féminin. Cette transposition immédiate, sans aucun lapsus linguae ou calami, démontrait plus qu'une simple acceptation. Presque inconsciemment, elle rétablissait une inversion de genre incompatible avec ma nature. Son bon sens et la véracité de ma conformation ne lui imposaient aucun effort d'adaptation, ce qui transparaissait dans la spontanéité de ses paroles.

Son enthousiasme engendré par ma réhabilitation ne pouvait être contenu. Elle éprouva le besoin irrésistible d'en faire part à Greta, sa mère originelle. Celle-ci avait sans doute déjà été informée de mon évolution par un de mes frères avec lequel elle maintenait un lointain contact. Ma fille, vivant en Allemagne depuis près de deux ans, s'exprimait avec elle dans la langue de Goethe. Les premiers termes implantés dans le cerveau de l'enfant lors des débuts de l'apprentissage du langage conservent un sens plus précis et plus profond que leur traduction, assimilée plus tardivement. C'est ainsi que Greta reçut par un beau matin de printemps une lettre débutant par cet axiome : *Mein Vater ist eine Frau* (« Mon père est une femme ») énoncé avec autant de simplicité et de naturel que : il fait beau, les oiseaux chantent, etc.

Greta, femme dominatrice, seule détentrice de la vérité, concevait aisément que l'homme, possesseur des attributs de la puissance, en soit réduit à la bassesse de la dégradation morale. Mon sexe masculin l'autorisait à m'attribuer les qualificatifs de vicieux, dépravé ou pervers. L'incrédulité irréductible qu'elle manifesta fit penser à ma fille qu'elle s'était peut-être mal exprimée. Elle reprit donc sa plume et choisit des termes plus précis et plus affirmatifs pour dissiper la moindre incertitude.

La bombe d'Hiroshima n'avait pas provoqué chez Greta plus forte émotion que la lecture de cette seconde missive. Elle était à cent lieues d'imaginer une réalité quelconque dans une telle fabulation. Tout s'embrouillait dans son esprit. Tout ce qu'elle apprenait la décontenançait au plus haut point. Elle se voyait dans l'obligation de s'adapter à une situation nouvelle et inconcevable. Allait-elle perdre la face en voyant s'écrouler l'édifice de sa conception de l'homme, aussi inattaquable que celle de la Vierge immaculée ? Plusieurs jours furent sans doute nécessaires pour colmater la brèche dans ses fortifications réputées invincibles.

Enfin, elle réussit à reconstruire un raisonnement d'apparence moins chancelante. Mes opérations n'avaient été réalisées que dans le but de me donner une apparence de femme. Ce n'était qu'un travestissement chirurgical encore plus délirant que le déguisement vestimentaire. J'étais parvenue aux extrémités de la fourberie. Cette mutilation volontaire ne pouvait en aucun cas me transformer en femme. La femme avec un grand F, c'était d'abord un utérus et un ventre susceptible de porter un enfant. J'en déduisis que si un jour, une destinée fatale lui imposait une intervention chirurgicale pour hystérectomie totale, elle risquait de perdre sa dénomination en même temps que ses organes géniteurs. L'anatomie et la physiologie humaines ne lui paraissaient pas suffisantes pour donner satisfaction à son esprit de différenciation absolue. Elle pensait avoir trouvé l'originalité péremptoire de son sexe en annonçant triomphalement que l'orgasme qu'éprouve la femme constitue son essence même, condition nécessaire et suffisante à une définition exclusive. Ce qui revenait à dire que la femme frigide n'en est pas une. Cette prise de position n'engageait que son auteur. Personnellement, elle ne pouvait me fournir plus ample satisfaction car son affirmation catégorique me consacrait encore plus femelle que je ne pensais l'être.

Sa doctrine, maintenant solidement établie et totalement convaincante, la ramena à des considérations plus terre à terre. La vision du « monstre » avait dû provoquer chez ma fille un choc terrible susceptible d'entraîner un désordre mental chronique. Un individu déguisé, maquillé, réalisant quelque chose d'extraordinairement horrible, ne pouvait certes plus exercer la médecine, mais seulement vivre comme la « bête du Gévaudan ». Elle donna donc la consigne formelle de n'en parler à personne, car le fait d'avoir été engendrée par cette effroyable chose ne pouvait que lui porter un lourd préjudice. Sa supplique s'achevait en implorant le ciel et tout ce qui s'y trouve de minimiser la commotion provoquée par cette découverte. Elle craignait également l'ébranlement qui se produirait certainement chez son frère en apprenant la nouvelle. Elle était vraiment loin de supposer le caractère merveilleux de nos contacts depuis près d'un an.

Mon fils, au contraire, fut troublé par cette réaction.

Il m'écrivit aussitôt : « Notre mère a appris la nouvelle de ta transformation. En vérité, sa réaction nous a bien surpris, car nous étions tous persuadés qu'elle était déjà au courant par son ex-beau-frère. En fait, elle ne l'a apprise que par une lettre reçue d'Allemagne. Ma sœur paraissait étonnée elle-même que ce soit une nouvelle pour sa mère. Elle n'a réagi spontanément qu'au téléphone avec ma sœur aînée. D'après les échos que j'en ai eus, il semble qu'elle suffoquait de colère, qu'elle rageait comme jamais. Le sens de cette réaction demeure une énigme, pour moi en tous cas. Comment a-t-elle pu être si touchée par cet événement alors que l'on aurait plutôt pensé qu'elle y serait restée indifférente après tant d'années ? Si tu penses avoir une explication, ne manque pas de m'en faire part. »

Un psychanalyste serait certainement plus compétent que moi pour tenter l'interprétation d'une réaction qui, bien que bizarre et difficilement compréhensible, a des composantes relativement simples. Greta est et était une femme autoritaire avec des traits de caractère prétendument masculins. Mon fils lui attribuait inconsciemment un rôle paternel. Pour comprendre un comportement bizarre, il serait dangereux de rattacher les faits, décrits très subjectivement, à des causes le plus souvent nébuleuses, mais volontairement associées pour le confort et la logique de l'interprète. Je préfère présenter ici une hypothèse peut-être totalement imaginaire, mais susceptible de provoquer chez le lecteur une réaction identique à celle qui aurait pu se produire.

J'avais épousé Greta avec l'espoir inconscient d'entamer la destruction de ma virilité insupportable. Cette femme dominatrice ne se sentait à sa place que dans la mesure où j'étais obéissante, ou bien, dans le cas contraire, elle échangeait son pouvoir concret contre des manifestations verbales de rabaissement ou de destruction morale. C'était le système des vases communicants : pour acquérir une virilité féminine, elle anéantissait ma prétendue masculinité. Ce qui était aussi simple que d'enfoncer une porte ouverte puisque je n'en possédais pas. Le jour où elle s'était rendu compte que ma nature n'avait jamais eu la prétention d'être mâle, l'échafaudage indispensable à son équilibre s'était écroulé. Elle perdait sa prestance aux yeux du monde et la seule façon de sauvegarder son image de marque nécessitait la négation complète d'une réalité et l'acharnement à dévaloriser un être en train de reconquérir une notoriété et sur lequel elle n'avait plus d'impact.

∴

La chirurgie générale avait transformé rapidement mes caractères sexuels primaires en détruisant mes organes mâles et en me façonnant une structure d'apparence féminine. Que représentent de tellement important ces petits morceaux de chair et de glande qui ont été disjoints de mon corps ? La société se base sur ces fragments pour décréter irrémédiablement la nature de la personnalité qui devra, de gré ou de force, définir l'individu dans son intégralité. D'après cette loi, je ne devrais plus correspondre à aucune des définitions établies. Donc, je ne serais plus rien ? Je n'existerais plus ? Au contraire, je commence seulement maintenant à vivre et à m'épanouir. « Je suis », alors qu'avant, ma définition s'apparentait à l'impersonnel.

L'intervention chirurgicale, considérée par tous comme l'acte fondamental de ma transformation, représente un point culminant qualifié, par certains spécialistes compétents, de point de non-retour. Retourner où ? Seuls ceux qui sont incapables de supposer les souffrances engendrées par l'incompatibilité de l'esprit et du corps peuvent imaginer qu'un jour je pourrais regretter mon état passé. Comme tous les sommets ou les caps franchis au cours d'un voyage, l'opération ne représente qu'une phase très brève de cette métamorphose. Une fois la principale source de production d'hormones mâles éliminée, il devient possible de perfectionner la modification des caractères sexuels secondaires qui se manifestent à la puberté. Leur développement est fonction d'un système hormonal particulier, seul responsable de l'apparence des individus des deux sexes. Parvenus à maturité, ils peuvent être jugés plus ou moins conformes à l'image que chacun se fait de lui-même, ce qui risque d'entraîner de graves problèmes psychologiques que la chirurgie esthétique ou l'endocrinologie solutionnent parfois.

Lorsqu'un être humain s'élance à corps perdu dans une entreprise gigantesque, sa tête est en jeu. Il n'a plus aucun droit à l'échec car, dans ces conditions, échouer c'est mourir. C'est seulement après une première victoire spectaculaire, qu'il peut se laisser vivre sur les bénéfices de son succès. Mais s'il ne s'en contente pas, s'il recherche ensuite à parfaire tout ce qu'il peut améliorer, sans obsession ni artifice, c'est qu'il est convaincu d'avoir trouvé sa vérité. Peu importe alors les détracteurs et les incrédules.

Pour moi, ce perfectionnement consistait à supprimer les derniers reliquats du masculin pour devenir de plus en plus féminine. Il me fallait inverser les mécanismes biologiques dont dépendent le système pileux et les cheveux, avoir des yeux plus effilés, des pommettes saillantes et une proéminence plus marquée du menton. Ma pomme d'Adam n'apparaissait pratiquement pas en avant du cou. Mes seins devaient se développer naturellement et mon tour de taille se réduire de vingt-cinq à trente centimètres pour se normaliser et mieux délimiter un bassin dont l'élargissement féminin classique n'avait aucune chance de se produire. Enfin, il était indispensable que ma voix grave devienne plus aiguë en montant d'une octave au moins.

Certaines de ces transformations s'effectuèrent spontanément sous l'influence prolongée et équilibrée des hormones femelles. Dans ce type de traitement, il faut savoir être modéré et s'appliquer les termes de La Fontaine : « Patience et longueur de temps... » Ainsi les saillies de mes pommettes et mon menton se féminisaient progressivement, allaient demander des années, comme c'est le cas chez la jeune fille.

Je souhaitais avoir une poitrine qui se forme naturellement. La croissance des glandes mammaires impose une thérapeutique bien adaptée, mais je ne la croyais pas impossible comme certains l'affirment.

L'adolescente constate le développement de ses seins à la puberté et la femme, vers la ménopause, les voit parfois augmenter de volume. Il devait donc exister une dose physiologique d'hormones susceptible de me façonner une jolie poitrine. Je tentai de la trouver, par tâtonnements.

Les seins se composent, d'une part, de la glande mammaire proprement dite, d'autre part, d'une accumulation périphérique de tissus graisseux dans les espaces cellulaires sous-cutanés. Or mes glandes se formaient et se développaient avec une lenteur désespérante, alors que la graisse s'accumulant à leur pourtour me donnait une fausse impression de croissance. Je compris pourquoi les impatientes se font adapter des prothèses, sorte de poches en plastique emplies d'une substance gélatineuse que le chirurgien implante sous les muscles pectoraux. Je préférais prendre le temps nécessaire, pour éviter de devenir une femme faite de gélatine et de silicones. Normalement les seins parviennent à leur maturité vers l'âge de dix-huit ou vingt ans pour une jeune fille. Il me semblait normal d'escompter pour ma poitrine une durée de croissance plus longue que les sept ou huit ans, voire dix ans, de la puberté physiologique. Je n'avais pas d'ovaires dont le fonctionnement, même à bas régime, aurait pu préparer le terrain. De plus, j'ignorais quelles hormones naturelles ou synthétiques utiliser. Comment associer estrogènes et progestérone ? à quelles doses ? Il me fallait donc essayer toutes les hormones conçues par les laboratoires et disponibles en pharmacie.

Il semblait logique de penser qu'en augmentant les doses, ma transformation serait plus rapide, mais, en fait, les fortes doses freinent l'évolution alors que les faibles doses sont plus naturelles. Mon apprentissage d'endocrinologue ne s'effectuait pas sans échecs et désappointements. Mes expériences s'avéraient, malgré tout, positives dans le temps. Elles me permettaient une première conclusion hypothétique mais fondamentale. Les hormones naturelles sont indispensables dans la mesure où elles servent à établir des cycles menstruels se terminant par les règles, et à permettre la gestation, ce qui ne me concernait pas. Je leur préférai les hormones de synthèse dont les effets sont contrôlables et le cheminement dans l'organisme plus sélectif. Pour contrôler la croissance physiologique de ma poitrine, je découvris un moyen aisé, rapide et précis. Le bout de sein et l'aréole qui l'entoure doivent toujours être d'une couleur uniforme brun clair, et l'aréole, qui possède des propriétés contractiles, doit, dans des conditions normales, se présenter en extension moyenne. Une contraction continue traduit un mauvais équilibre entre estrogènes et progestérone.

Pour réduire mon tour de taille du quart ou du tiers de sa longueur ce ne fut pas une sinécure ! En effet, l'augmentation du volume gastrique, pendant mon existence d'homme, avait repoussé et écartelé le gril costal, dans sa partie inférieure, au point de faire saillir les angles formés par la jonction des dernières côtes. Ils formaient deux promontoires disgracieux au-dessous de chaque sein. Puisqu'ils avaient pu se former, leur flexibilité supposait une certaine compressibilité. A l'aide de larges ceintures, je parviendrai, par serrages progressifs, à me forger une taille féminine. Je ne pus conserver mon premier dispositif plus de vingt minutes, de crainte d'étouffer. Au fil des jours, des mois et des années je grignotai la plus grande quantité de mes centimètres excédentaires à l'aide de multiples ceintures que je confectionnais « sur mesure » selon le rôle que je leur attribuais.

Parallèlement, j'engageai avec mon système pileux, et en particulier avec mes poils de barbe, une lutte au corps à corps qui représentait la modification de beaucoup la plus longue et la plus astreignante de toutes. Si mes jambes avaient toujours présenté une conformité plus féminine que masculine, ma barbe témoignait d'une imprégnation rigoureuse d'hormones mâles. Raser un poil tous les jours enfonce sa racine et épaissit sa structure. Les miens, bien qu'ayant poussé peut-être un peu tard, avaient subi quotidiennement les effets du rasoir pendant plus de trente ans. Leur destruction devait s'effectuer un par un et nécessitait plusieurs interventions, parfois dix à vingt pour un même poil. J'ai entendu dire qu'un chirurgien américain opérait sans arrière-pensée ceux qui, désirant changer de sexe, avaient réalisé une épilation complète de leur barbe. Car, pour lui, cette épreuve nécessitait de sérieuses motivations et devenait un élément fondamental et pratiquement suffisant pour établir un diagnostic éliminant les simulateurs.

Je ne compterai jamais le nombre d'heures que j'ai passé à détruire ces poils inesthétiques et impossibles à dissimuler. Toutefois, j'ai commis trois erreurs qui m'ont fait perdre énormément de temps. En premier lieu, je pensais que l'épilation à la pince serait efficace, mais au fur et à mesure des arrachements, ils repoussaient plus rapidement et même plus nombreux. En effet, leur extraction laisse la racine en place qui, sous le choc, peut éclater en deux ou trois morceaux et donner naissance à autant d'autres poils. Au bout d'un an et trois mois cette forme d'épilation m'accaparait tous les jours pendant deux à trois heures.

Une telle perte de temps me décida à me faire épiler électriquement. Cette technique consiste à électrocoaguler la racine du poil à l'aide d'une aiguille très fine. La destruction est définitive après plusieurs interventions pour un même poil.

En second lieu, je mis deux ans à me rendre compte qu'estrogènes et progestérone associés en proportion biologiquement identique annihile leur action et, en conséquence, ne s'opposent pas à la pousse des poils sur les membres, le thorax et le menton, et favorisent la chute des cheveux. Cette association n'entre pas en compétition avec les hormones mâles surrénaliennes. Par contre, séparément, estrogènes et progestérone ont un effet anti-androgène.

Ma troisième erreur n'en était pas réellement une.

L'épilation électrique se pratique par des spécialistes qui travaillent aux heures normales de la journée, alors que je ne pouvais leur consacrer qu'une partie de celles dévolues à mon sommeil. C'est pour cette raison que j'avais tenté de commencer mon épilation avec une pince. Après la disparition d'une bonne moitié de mes poils de barbe, je décidai de me procurer l'appareil destructeur et de poursuivre la lutte toute seule. Pour atteindre la racine profonde d'un poil à l'aide d'une aiguille ultrafine, il faut suivre sa gaine depuis la surface de la peau et l'opération effectuée devant un miroir grossissant implique l'inversion des mouvements. Je manquais le but trois fois sur quatre au moins.

C'est seulement à la fin d'une lutte longue et acharnée que s'acheva ma « guerre de Cent Ans ». Mais, qu'est-ce que le temps : « Je le sais si personne ne me le demande », disait saint Augustin.

En compensation, je n'eus pas à détruire mes autres

poils masculins qui disparurent progressivement de mon thorax et de mes membres sous l'influence des hormones femelles, au cours de cette longue période consacrée à ceux de mon menton.

Les cheveux ne sont pas des poils. Lorsque les uns poussent, les autres tombent, et réciproquement. Toutefois, l'équilibre hormonal nécessaire à la formation d'une belle chevelure demande plus de minutie que celui qui fera disparaître les poils. Au cours de mon traitement régulier, je constatai un phénomène peu banal : je parvenais progressivement à modifier la couleur de mes cheveux châtain moyen uniquement par une action hormonale. Sans en connaître la cause, je m'aperçus qu'ils prenaient une teinte blond cendré d'une brillance exceptionnelle. Cette même action entraînait la disparition de tous mes cheveux blancs qui semblaient ne plus supporter ma féminité nouvelle. Je supposais que l'hormone en cause pouvait être la progestérone. Lors de mon séjour aux Baléares, je n'avais pu me réapprovisionner en cette substance et la remplaçai par une autre de structure chimique différente. En quinze jours j'obtins deux centimètres de racines si foncées qu'une teinture s'imposa avant mon retour. La chaleur, les rayons solaires ont, peut-être, eu une certaine responsabilité, mais probablement indirecte. De là à tergiverser pour tenter de comprendre pour quelles raisons les femmes nordiques sont blondes alors que les Méditerranéennes ont plus généralement des cheveux de couleur foncée... Il s'agit, certainement, d'un processus hormonal intéressant dont il reste à découvrir le mécanisme.

La chirurgie esthétique devait m'apporter, comme à beaucoup de femmes de mon âge, quelques modifications avantageuses. Mon nez présentait une petite bosse au niveau de l'arête supérieure et sa base était trop large. Le contour de mes yeux, outre la classique patte d'oie de la cinquantaine, présentait de multiples ridules laides et inesthétiques, reliquat des souffrances subies au cours des dernières années de ma vie d'homme. Mon regard était triste. Peut-être des yeux en amande me rendraient-ils une physionomie plus gaie et plus compatible avec ma nouvelle personnalité...

Je confiai mes problèmes d'yeux et de nez à un chirurgien esthétique de renom, le docteur Hainsdorf. Il entreprit d'abord mon nez. Cette intervention nécessite, habituellement, une anesthésie générale que je refusai catégoriquement. Non pas par crainte de ne pas me réveiller, mais dans l'unique but de rentrer chez moi immédiatement après être redescendue de la table d'opération. Après insensibilisation des orifices du nez, il introduisit ses instruments pour tailler mes difformités à la manière d'un sculpteur sur bois. Les multiples petits coups de maillet sur son ciseau à os provoquèrent dans mon cerveau un phénomène de résonance dont les vibrations entretenues s'amplifiaient et devenaient intolérables. Je proposai alors, au chirurgien de frapper des coups plus forts mais plus espacés qui s'avérèrent nettement plus supportables. Je conservai un plâtre nasal quatre jours au lieu de dix, pour retourner plus rapidement auprès de mes malades. Mon nez n'aurait sa conformation définitive que douze à quinze mois plus tard.

Un phénomène totalement inattendu se produisit dans les mois qui suivirent. Dès ma naissance, je présentais un strabisme convergent suffisamment accusé pour donner l'impression que je voyais à droite ce que je regardais à gauche. La ténacité de mes parents pour me faire porter des lunettes correctrices dès l'âge de trois ans, et pendant dix ans, permit à mon regard de retrouver un certain parallélisme. Mais mes yeux continuaient à refuser de travailler ensemble. Le gauche, plus paresseux, attendait que le droit tombe de fatigue et d'épuisement pour prendre le relais. A cet instant, chacun reprenait son autonomie et mes pupilles vagabondaient où bon leur semblait. Or, dès le nivelage de ma bosse nasale, mes yeux ne folâtrèrent plus et se mirent définitivement à la mesure de l'harmonie de mon visage. Cette minime difformité entretenait-elle une attraction convergente de mes globes oculaires ? C'est probable, mais je n'oserais pas prétendre qu'une telle intervention puisse être proposée comme traitement complémentaire du strabisme des individus pourvus d'un nez bossu.

Ensuite le docteur Hainsdorf s'attaqua à mes yeux. En tirant la peau, et en éliminant les excédents, il parvint à supprimer la plus grande partie des effets d'un vieillissement prématuré de mon visage. Mon regard pouvait exprimer enfin la nature de ma vie intérieure.

A la même époque, lors d'un congrès d'oto-rhino-laryngologie aux Etats-Unis, le docteur Taganushi, chirurgien japonais, décrivait une technique chirurgicale permettant d'élever la hauteur de la voix. Comme tous les garçons, à la puberté, mes cordes vocales avaient suivi d'importantes modifications et ma voix avait mué. Le docteur Hainsdorf me proposa de tenter sur moi cette intervention, pensant même pouvoir la perfectionner. Primitivement elle consistait à rapprocher deux cartilages pour provoquer une tension plus forte des cordes vocales, qui seraient ensuite fixées solidement à l'aide d'un fil d'argent. Je représentais le sujet idéal pour effectuer cette « première mondiale ». Il fallait, en effet, opérer sous une simple anesthésie locale afin de pouvoir contrôler l'évolution de la voix tout au long de l'intervention.

La voix grave de l'homme est quasi définitive. Il est pratiquement impossible de la féminiser par une rééducation appropriée. Or, à dix-neuf ans, j'avais été engagée dans une chorale pour chanter avec les voix de basses le *Requiem* de Mozart. Cette intervention chirurgicale s'avérait donc être ma seule chance pour modifier la tonalité de ma voix. Mais les chirurgiens estimaient que sa réussite n'était pas certaine. J'étais pratiquement la seule à être convaincue du succès. Le professeur Frèche, de l'hôpital Foch, qui avait reçu les conseils du chirurgien japonais, débuterait l'opération selon sa technique, puis le docteur Hainsdorf, assisté de deux autres chirurgiens, la poursuivrait par la fixation définitive au fil d'argent. Un film vidéo serait tourné pendant l'intervention pour être présenté au prochain congrès des oto-rhino-laryngologistes français.

J'entrai en clinique en fin de matinée, avec Sophie qui m'accompagnait une nouvelle fois. Une chambre m'était destinée pour que je puisse y passer la nuit, car personne ne savait quelle serait la durée de l'intervention ni l'état dans lequel j'en sortirais. Les chirurgiens impliqués dans l'affaire manifestaient une inquiétude réelle : le docteur Hainsdorf avait prévenu ses confrères de mes habitudes de quitter la clinique pratiquement à la sortie de la salle d'opération. Désireuse d'annihiler l'anxiété de mon entourage et pour que les officiants ne soient pas hantés par les risques encourus par une sortie prématurée, je distribuai à chacun une décharge écrite afin que sur la terre comme au ciel, rien ne puisse leur être reproché en cas d'accident sur mon trajet de retour.

L'anesthésiste me proposa, la seringue à la main, un sédatif puissant pour me permettre de subir, plus décontractée, l'épreuve qui m'attendait. Mon sourire compatissant et le hochement négatif de ma tête lui firent comprendre qu'il ne fallait pas insister. J'étais certaine que ma technique de décontraction valait mieux, en ce cas, qu'un quelconque neuroleptique. J'aurais même demandé, en lieu et place, un stimulant, car seule une fatigue intense pouvait entraîner chez moi quelques manifestations d'impatience. Allongée sur le traditionnel chariot, je pénétrai, non sans difficulté, dans la « salle de spectacle ». En effet, couloir et hall étaient encombrés d'innombrables emballages de caméras et d'appareils d'enregistrement. Une quinzaine de personnes s'affairaient aux ultimes réglages de multiples petites boîtes disposées autour et au-dessus de ma couche. Sophie, autorisée sur ma demande à assister à l'opération, avait revêtu la tenue de rigueur en ces lieux. Perdue dans la foule, personne ne la remarquerait. Lorsque tout fut en place, mon entourage, tout habillé de vert, attendait dans le recueillement et le silence l'ordre du départ.

— Contact... contrôle des caméras... enregistrement... tout est O.K., constata le professeur Frèche.

Déclarant la cérémonie ouverte, il me pria de prononcer l'introït énonçant les motivations et les nécessités qui me poussaient à reconditionner ma voix.

Mon oraison terminée, les chirurgiens achevèrent les préparatifs d'asepsie et commencèrent l'intervention. Son centre d'intérêt s'étant déplacé de ma bouche à la face antérieure de mon cou, je sollicitai une protection pour mes yeux, tant le scialytique était éblouissant. De toute façon, je ne pouvais rien voir, mais les commentaires du chirurgien, énumérant les moindres détails de ses actes et de ses observations pour la bande sonore du film, remplaçaient avantageusement un miroir. Au moment où il allait sectionner la membrane crico-thyroïdienne et, en conséquence, ouvrir la trachée, il me prévint que, pendant quelques minutes, je ne pourrais plus émettre un son, du fait que l'air, nécessaire pour faire vibrer les cordes vocales, s'échapperait par l'orifice qu'il allait ouvrir. D'autre part, l'anesthésique local, déversé à ce niveau, entraînerait certainement pendant quelques secondes une violente quinte de toux. En fait, je ne toussai pas une seule fois et, malgré la percée trachéale, je parvins à émettre des sons qui n'étaient pas ceux d'une ventriloque, mais étaient réellement produits par mes cordes vocales. Le chirurgien s'étonna de mes réactions contraires à tout ce qui figurait dans les traités.

Une fois la membrane réséquée et ses bords suturés, le docteur Hainsdorf, assisté des deux autres oto-rhino-laryngologistes, entreprit « la soudure » au fil d'argent dont un dispositif permettait une tension adéquate. Malheureusement, ce deuxième temps ne put être réalisé comme prévu. Cette sorte de prothèse avait été établie un peu trop rigide, à l'image, sans doute, de l'état du cadavre qui avait servi de modèle pour les « essayages ». L'imperfection minime de la technique reporta la fin de l'intervention à une date ultérieure, ce qui présentait, pour moi, l'avantage de juger séparément de l'efficacité des deux temps opératoires.

Au total, l'opération avait duré près de deux heures et demie. L'anesthésiste fut en admiration devant mon calme et mon immobilité pendant tant de temps. Tout avait été préparé pour une séance de réanimation éventuelle, mais sérums, anesthésiques et seringues furent inutiles. En me regardant dans une glace, je fus très étonnée de constater l'état de ma peau. Aucune ride ne marquait mon visage, je paraissais reposée plus qu'au réveil du matin, tant mon intense décontraction, volontairement pratiquée pendant l'intervention, avait permis de retrouver presque une peau de jeune fille.

Trois mois plus tard, l'intervention était reprise avec, cette fois, une prothèse plus souple et une anesthésie générale de quelques minutes, pratiquée dans le seul but d'éviter tout mouvement de déglutition pendant la pose de la prothèse. Le docteur Hainsdorf et ses assistants immortalisèrent leur réussite par un film vidéo. Malgré mon sommeil involontaire, je quittai la clinique moins de deux heures après mon réveil au grand étonnement du personnel qui, cependant, devait avoir été prévenu qu'il était inutile d'aller à l'encontre de mes desiderata.

Pour apprécier les effets de tension des cordes vocales provoqués par la suppression de la bascule cricoïdienne, j'avais, avant l'intervention, pris des mesures précises à l'aide du sonagraphe du laboratoire d'acoustique de la faculté des sciences de Jussieu. De nouvelles mesures furent effectuées un an après la première opération. Pendant cette période, je suivis des cours de rééducation avec une orthophoniste qui avait enregistré mes modifications vocales pendant l'intervention chirurgicale. La comparaison des tracés du sonagraphe a montré que la hauteur tonale de ma voix était plus aiguë et que le timbre s'était éclairci. Le registre de la voix parlée s'éleva très lentement au cours des mois. Une amélioration se produirait sans doute encore car elle semblait suivre, à une certaine distance, celle de la voix chantée, qui s'était manifestée plus tôt.

Enfin, je dus tenir compte du fait que la voix subit une influence hormonale. Certaines femmes, à la ménopause, ont tendance à présenter une tonalité vocale plus grave. En ce cas, l'intervention que j'avais subie était susceptible d'inverser le processus et de remonter la voix vers les aigus.

La poursuite de mon traitement hormonal devait donc être suffisamment équilibré afin d'éviter une évolution qui, comme c'est parfois le cas au cours de la ménopause, modifierait mes cordes vocales dans le sens d'une virilisation.

⁂

Pour parfaire ma féminisation, je souhaitais donner plus de souplesse à mes mouvements afin d'en éliminer toute virilité. Je décidai donc de suivre des cours de maintien et de *glamour.*

Le comportement, les attitudes, le geste et même un certain vocabulaire sont manifestement l'expression d'une personnalité. En conséquence, ils subissent une influence hormonale mâle ou femelle. Cependant, s'il est relativement facile pour une fille qui le désire de copier ou d'imiter le garçon, le contraire est pratiquement impossible, car le ridicule retourne rapidement la situation. L'expression corporelle d'une femme rayonnante traduit, à la fois, l'intensité de sa féminité, sa confiance absolue en son pouvoir de séduction, son équilibre intérieur et son épanouissement.

Jusqu'au début du XXe siècle, et sans doute encore actuellement dans quelques rares milieux socio-culturels, la jeune fille ne pouvait accéder à sa dignité de femme sans suivre un certain nombre de cours qui n'étaient pas uniquement conçus pour apprendre le quadrille, la valse ou le tango. Etre femme est un art qui s'apprend comme la danse. « L'art d'être femme », l'art de plaire et de se plaire qui va jusqu'à l'art d'aimer et de se faire aimer, l'art d'être bien dans sa tête et dans sa peau, véritable voie d'accès au plaisir et à la joie de vivre... C'est la définition même du *glamour*.

De nombreuses femmes se sentent crispées, voire figées, en société et même dans leur foyer, devant leur mari, par crainte de dévoiler un aspect de leur personnalité qui ne leur paraît pas naturel. Désireuses de le cacher, elles adoptent alors un comportement artificiel, deviennent souvent complexées et se réfugient dans un refoulement perpétuel, avec les conséquences psychologiques et physiologiques que cela entraîne.

Bien que ma féminité nouvelle correspondît enfin à celle de mon système nerveux, mes attitudes, mes gestes et certaines façons de me comporter ne pouvaient pas ne pas trahir des dizaines d'années d'influence masculine hormonale et sociale. Mon miroir par contre reflétait la féminisation progressive de mon corps. Il me parut donc indispensable d'acquérir un comportement équivalent. La certitude d'avoir trouvé mon identité ainsi que mon intense désir d'exprimer ma féminité allaient certainement m'aider. Grâce à mon amie Sophie mes progrès étaient déjà considérables. Malheureusement elle ne possédait pas les techniques d'un professeur, indispensables pour corriger les petits détails qui, en général, trahissent un gros problème. C'est ainsi que je me mis à la recherche d'un maître en « art d'être femme » et d'exprimer sa féminité. Si les cours de maintien que suivent les mannequins et les hôtesses présentaient un certain intérêt, ils me paraissaient nettement insuffisants pour acquérir définitivement ce qui me manquait. Il me fallait un « professeur de *glamour* ». Bien que ce terme ne me fût pas connu à cette époque, j'en connaissais la définition que j'exprimais avec précision comme but de ma recherche.

Ni le Bottin mondain, ni les pages jaunes de l'annuaire ne comportaient une rubrique « professeurs de charme », j'ignorais même si cette catégorie d'enseignants, née en Amérique, existait en France. C'est un journaliste — leur côté fouineur n'a pas son pareil — qui me dénicha enfin l'adresse du pédagogue, un maître en la matière, qui devait faire de moi une femme accomplie et séduisante.

C'est avec fébrilité que je composai sur mon cadran téléphonique les sept chiffres qu'il m'avait indiqués.

— Allô ! Pourrais-je parler à M. Paul Alt ?

Notre premier rendez-vous forgeait le premier maillon d'une chaîne qui, une fois soudée, allait clore mon évolution.

Il commença par procéder à une exploration de mes qualités physiques et des propriétés esthétiques de mon corps. Il recensa mes erreurs, mes refoulements, mes angoisses, ainsi que tout ce qui nécessitait un réajustement pour que mes désirs et mes ambitions trouvent une expression libre et spontanée. Son sens extraordinaire de l'observation n'autorisait pas la moindre erreur d'attitude. La position de mes mains, de mes doigts, de mes jambes et de mes pieds... tout devait être rectifié.

Sa volonté de perfection était telle qu'il n'admettait pas les demi-mesures. Il vérifiait régulièrement le degré d'intériorisation de son enseignement, par une méthode personnelle très subtile, qui consistait à détourner notre attention afin de mieux mesurer la spontanéité du geste ou de la position nouvellement « rectifiés ».

Peu à peu, Diego, c'est ainsi qu'il se présente dans les milieux artistiques, régla et harmonisa les diverses notes de ma partition féminine. Il synchronisa mon corps et mon psychisme. Sa maîtrise lui donnait le pouvoir sécurisant que toute femme cherche, avant toute chose, chez un homme. Insensiblement, je ressentis envers lui un sublime attachement.

J'avais été modelée par la chirurgie, restructurée par les hormones, mais il provoqua l'étincelle qui déclenche le mécanisme de vie seul susceptible d'engendrer l'amour. Aimer et être aimée n'est qu'une sorte de myéline formant la gaine des fibres affectives de la femme qui évite leur mortification et leur dégénérescence.

Après chacun de ses cours, j'étais un peu plus radieuse. Ma féminisation s'achevait par celle de mon cœur qui sur le mode du fondu enchaîné devenait un cœur de femme qui s'épanouit quand il aime.

CHAPITRE VI

ETRE SOI-MEME

Depuis quelques années, j'édifie une femme sur les ruines pulvérisées de ce qui fut un homme factice. Je n'avais conservé que mon cerveau, se définissant par une absence totale d'évolution affective. Cette pièce maîtresse, centre organisateur qui sait aussi bien détruire le faux que construire le vrai, allait découvrir tous les composants nécessaires à l'édification d'un corps correspondant le mieux à sa nature. Il ne me restait plus qu'à administrer à ce merveilleux générateur le carburant hormonal adéquat, conçu selon ses propres directives.

L'architecte connaît parfaitement, avant qu'elle ne soit construite, la maison dont il a dessiné les plans et choisi les matériaux. Je fus l'architecte de ma féminisation corporelle. J'ai cherché, trouvé et testé les hormones susceptibles de modeler les nouvelles structures de ma personnalité. Choisies pour leur efficacité et leur mode d'action, j'en déterminai la dose optimale. Je provoquais délibérément toutes les réactions capables de détériorer mon œuvre, de façon à mieux les prévenir et à mieux les contrôler. Dès la moindre faille dans l'élaboration de mon épanouissement, qui se signalait par un malaise précis, je n'avais de cesse d'en trouver la cause. Pour mieux comprendre un mécanisme responsable d'une imperfection, je n'hésitais pas à le reproduire plusieurs fois en recommençant volontairement les mêmes erreurs à l'aide de mélange d'hormones que je m'administrais sans autre souci que celui de bien connaître le nouveau fonctionnement d'un corps dans lequel je me sentais si bien.

J'étais devenue « créatrice » de ma personnalité, de mon « Moi », parce que, précisément, je n'avais jamais été un homme. En effet, qui d'autre qu'une femme détient le pouvoir de créer un être humain ?

Les hommes ont conçu la Bible qui fut écrite au masculin. Ils ont traduit la voix de Dieu en langue humaine en disant : « Dieu, le Père tout-puissant, créateur du ciel et de la terre »... puis de l'homme, d'abord, et enfin de la femme pour le distraire, car il s'ennuyait. Cette dépravée fut, d'ailleurs, à l'origine de son bannissement du paradis. Elle fut, paraît-il condamnée par Dieu à « enfanter dans la douleur * » et éloignée du sacré par l'Eglise sous prétexte que ses règles la rendaient impure certains jours du mois. Pourquoi l'homme se sentait-il à ce point terrorisé par la femme ? Risquait-elle de découvrir que Dieu n'était peut-être pas un homme ? Il serait plus logique et concordant d'affirmer que Dieu, créateur de la femme, la créa à l'image divine ; puis que la femme procréa l'homme. Que ce soit à l'aide d'une côte flottante ou de son utérus, il n'y a pas là matière à tergiverser, les prophètes n'avaient aucune connaissance en anatomie.

Cette notion de féminité inhérente à la représentation de Dieu s'avéra si importante pour l'Eglise catholique que ses exégètes se virent contraints d'attribuer à la Vierge Marie, le rôle et les fonctions de Dieu au féminin.

La femme est créatrice de la première cellule, l'ovule, et du milieu dans lequel elle se développera. L'homme n'est que fécondateur. Sa fonction génitrice s'est formée grâce au milieu aquatique que lui a procuré une femme.

L'apparition supposée des océans dans lesquels les premières cellules vivantes se sont développées et multipliées remonte à deux milliards d'années. Celle de l'être humain ne date que de quarante mille ans. Et depuis quarante mille ans, la femme recrée en elle une mer minuscule, mais suffisante, pour permettre la constitution de l'être humain

---

* Ce ne sera qu'en 1956 que le Pape acceptera que l'enfantement ne soit plus considéré comme un châtiment qui condamne à la souffrance.

emières cellules et durant sa vie fœtale, première son existence.

ıblis un rapprochement entre la femme et la mer, 'une et l'autre ont de nombreux points communs. Les hormones femelles, les estrogènes, sont d'essence marine. Elles sont identiques pour toutes les espèces de mammifères. Elles provoquent, au moment de l'ovulation, la sécrétion vaginale qui dégage une forte odeur de marée à laquelle l'homme n'est pas insensible. Cette odeur est semblable à celle qui prend naissance lorsque le poisson pourrit. Elle est produite par la même substance chimique : la triméthylamine. Cette sécrétion s'effectue lorsque la concentration sanguine d'estrogènes atteint un taux important, soit pendant une période de vingt-quatre heures environ au milieu du cycle, ce qui déclenche l'ovulation. C'est durant cette courte période que la femme est particulièrement fécondable. Je peux provoquer aisément, chez moi, cette exsudation et l'odeur qu'elle produit, en multipliant ma dose d'estrogènes de base par trois à cinq.

La femme a des cycles de vingt-huit jours, durée égale aux phases de la lune, responsable du rythme des marées des océans. Ces dernières passent par un maximum au milieu de chaque cycle lunaire, de même que les ovaires produisent leur taux le plus fort d'estrogènes au milieu de chaque cycle menstruel. Le soleil agit sur la surface des mers comme sur la peau de la femme. Il stimule leurs fonctions biologiques respectives. La concentration sanguine moyenne des hormones de la femme est plus importante en juillet, ce qui lui procure un dynamisme et un désir sexuel plus intenses. C'est aussi au cours de ce même mois que l'on peut observer de nombreuses manifestations pathologiques dues à son déséquilibre hormonal. Le soleil constitue peut-être le seul élément de l'univers susceptible d'apporter à la femme des caresses plus douces et plus vivifiantes que celles de l'homme. La femme flirte sur les plages avec le soleil, l'homme pourtant ne le jalouse pas. Il ne s'en aperçoit même pas ou n'y attribue aucune importance.

Les grandes oscillations de la production hormonale de la femme déterminent sa sensibilité, son intuition, sa force et sa faiblesse, son énergie et ses lassitudes, son amour et sa haine, ses victoires et ses échecs, son bien-être et ses souffrances, et enfin, sa jeunesse et son déclin. Le contrôle quotidien de la concentration d'hormones dans le sang devient simple lorsqu'une femme n'en produit pas ou plus. L'absorption journalière d'une dose équivalente à sa production normale lui procurerait une plus grande stabilité de caractère et ralentirait son vieillissement *. Ses cellules nerveuses dégénéreraient moins rapidement puisque les échanges intracellulaires, nécessaires à leur vie, s'effectueraient plus normalement. Si la femme connaissait le pouvoir équilibrant de ses hormones, elle ne vieillirait plus et donnerait, à la fois, des années à sa vie et de la vie à ses années.

L'homme comprend et admet que les marées varient, fluctuent, changent, soient extrêmes ou excessives, mais il refuse de reconnaître que ces termes s'appliquent normalement au caractère de la femme. « La parure des femmes, c'est le silence » affirmait Sophocle (*Ajax*, v. 293).

En ce qui me concerne, mon traitement pallie une absence d'ovaires qui, de toute façon, si j'étais née femme, auraient cessé de fonctionner depuis cinq à dix ans, par suite d'une ménopause physiologique. Cette substitution harmonieuse me donne un caractère féminin d'une uniformité d'humeur exceptionnelle.

J'ai toujours cherché à comprendre les raisons des multiples discordances de mon existence. Cette préoccupation s'exacerbait maintenant que j'étais parvenue à trouver ma véritable identité. Un phénomène incompréhensible s'était-il produit ? A quel moment ? Qui en était responsable ? Une maladie, l'éducation de mes parents ou une mauvaise association de leurs chromosomes ? Pour le savoir, j'étais convaincue qu'il fallait orienter mes recherches sur mon système nerveux, centre d'élaboration et d'organisation du comportement et de l'entendement des individus.

Mes moyens d'investigation se trouvaient fort limités. Je n'avais pas de centre de recherches à ma disposition. Je représentais le seul « cobaye » dont je disposais. D'ailleurs, les rats, les souris ou les lapins, sont incapables de définir le type de malaise qu'un produit chimique absorbé

* Voir page 207 : la ménopause.

leur provoquera. Aucun ne dira : « Depuis que j'ai pris ce médicament, j'ai mal à la tête. » J'en ai donc été réduite à émettre des hypothèses, point de départ d'essais thérapeutiques dont je ressentirai personnellement les bons ou les mauvais effets. Je tenterai d'échafauder quelques théories sans prétendre les qualifier de justes. Mais Goethe n'a-t-il pas écrit : « Mieux valent des théories fausses que pas de théorie du tout. »

L'organisation de mes recherches m'incita à dissocier le cerveau en deux parties, en fonction du rôle que je leur attribuai dans la détermination du comportement. Formées au cours de la période fœtale, elles subissent une maturation progressive qui s'achèvera entre douze et quinze ans. La première se situe au centre du cerveau. Elle comprend l'hypophyse, l'hypothalamus et le système limbique. Elle représentait, pour moi, le centre intégrateur, générateur et programmateur de l'affectivité. De ce fait, elle s'érigeait en gérante universelle de notre sexualité. La seconde, périphérique, est sensorimotrice, c'est-à-dire qu'elle participe au développement de nos cinq sens et engendre les mouvements qu'elle contrôle et perfectionne en fonction de l'apprentissage du geste. Enfin, elle est le siège de l'intelligence.

Cette division du système nerveux me permettait de me limiter à l'étude de la première partie du cerveau. Je la supposai la plus sensible aux hormones sexuelles. Son rôle consiste, en effet, à régler le fonctionnement de tous les systèmes hormonaux périphériques en les freinant ou en les stimulant selon les impératifs du moment. C'est à son niveau qu'une perturbation devait être cause de la désorganisation de mon existence. Or, les estrogènes chez la femme et les androgènes chez l'homme semblaient correspondre à une sorte de carburant idéal pour cette partie du cerveau. J'en déduisis que les hormones femelles étaient déterminantes dans l'édification de la féminité et les hormones mâles dans celle de la masculinité et que mon cerveau, féminin d'origine et de constitution, n'était pas réceptif aux secondes.

C'est à partir de cette constatation que je fis la découverte qui bouleversa ma vie. Elle me prouva que je n'étais ni démente, ni vicieuse, ni anormale. Je souhaitais suivre une disposition naturelle de mon cerveau, établie depuis ma naissance, qui m'imposait de devenir femme.

En effet, les travaux des centres de recherche en hormonologie ont démontré que le cerveau du garçon et celui de la fille sont exclusivement du type féminin le jour de la naissance. Rien de masculin n'est susceptible d'entrer dans sa constitution. Cérébralement, tous les nouveau-nés sont identiques car seules les hormones femelles de leur mère ont participé à l'élaboration de leur système nerveux. Ceux qui possèdent des testicules deviendront logiquement des garçons car ces glandes se mettent à produire des hormones mâles en grande quantité entre la troisième et la trentième semaine de leur vie postnatale. En conséquence, leur cerveau, puis le reste de leur corps, ne sera masculinisé que par l'effet de cette imprégnation de vingt-huit semaines. Au cours de la gestation, les androgènes sécrétés tant par les glandes surrénales de la mère que par celles du fœtus sont exclusivement utilisés au niveau du placenta qui les transformera en estrogènes. Pour que cette période de neuf mois s'achève sans encombre, elle nécessite une quantité de 500 à 1 000 fois supérieure à ce que les ovaires de la mère peuvent produire à eux seuls.

Il m'est apparu de plus en plus évident que mon cerveau, responsable de mes comportements, de mes réactions, de mes rêveries, de mes échecs, de mes succès, et de bien d'autres manifestations encore, n'avait pas évolué sur le mode masculin, ni, du reste, sur le mode féminin. Je n'ai été ni un homme ni une femme, pas plus qu'un garçon ou une fille. Le déroulement normal de certains mécanismes de nature hormonale s'était donc arrêté à un moment précis.

C'est pourquoi, contrairement aux autres garçons, je n'ai pu m'identifier à un homme tel que mon père dès l'âge de sept ans. Et non plus, réaliser la conquête de ma masculinité. Sans identification, je n'ai pu édifier mon identité et sans identité psychique je n'ai pas acquis d'identité sexuelle.

J'ai toujours eu l'impression que des obstacles se dressaient devant moi. Mon raisonnement trop enfantin, ma démarche trop féminine, mon absence d'instinct combatif et ma passivité d'évolution m'attiraient critiques et reproches. Tel un leitmotiv, ces termes accompagnèrent mon enfance et mon adolescence : « Tu n'as pourtant pas l'air d'un imbécile, pourquoi te complais-tu dans cet état de stagnation ? » Mon intelligence paraissait normale, mais dans le sens de l'esprit de géométrie qui, comme l'affirmait Pascal, se définit dans l'espace et non dans le temps. Ma nature contemplative s'apparentait à celle de religieux vivant cloîtrés. Le monde extérieur m'était constamment étranger et souvent hostile. L'univers de mes rêveries, véritable religion dans laquelle je retrouvais la paix en communion avec la *féminité,* restait mon seul univers.

Puisque je pensais que l'être humain devait plus justement se définir par son cerveau que par ses organes sexuels, il devenait vital pour l'intégrité de ma personnalité, et avant le déclin de la vieillesse par dégénérescence de mes cellules nerveuses, que je tente de modifier la source d'énergie de mon système nerveux.

Dès mes premières injections d'hormones femelles, j'ai ressenti que la guerre qui s'était déclarée en moi depuis ma naissance, entre des éléments en perpétuelles contradictions, s'achevait. Un esprit de paix, inconnu jusqu'alors, s'installait dans tout mon corps. Peu à peu, chacune de mes cellules se féminisait. Aux structures mâles subversives se substituaient des ensembles de constitution naturelle. Après l'ablation de mes glandes génitales d'origine, plus rien ne s'opposait à l'expression de ma féminité également d'origine. Le modelage d'organes sexuels féminins terminait la destruction d'une ingérence étrangère. Ma féminité de naissance m'imposait d'être femelle par mon sexe d'élection. Mon cerveau put, alors, s'éveiller à la vie et se libérer de liens invisibles. Ce ne fut pas la chirurgie, mais les hormones femelles qui levèrent ce blocus astreignant qui me paralysait. Comme rien ne manquait à l'élaboration de ma féminité, elle se construisit sans heurt ni traumatisme. La graine d'une fleur ne pourra germer, la tige pousser et la corolle s'ouvrir en annonçant sa couleur et son nom, que lorsque la nature lui donnera ce qui est indispensable à sa vie.

*
**

J'ai été rejetée par tous les membres de ma famille, de ma génération. Personne n'a cru que je tentais de sauver ma vie. Du moment que mes glandes génitales étaient des testicules qui avaient démontré leur bon fonctionnement, ma tête devait témoigner d'une virilité incontestable. Et il me fallait, bien entendu, être un père. L'erreur est humaine... Mais pour la société, l'erreur est parfois immuable et ne peut, en aucun cas, devenir vérité. D'où les difficultés qu'ont éprouvé mes enfants. Est-ce pourtant une telle calamité de n'avoir pas de père ? Serait-ce insensé d'avoir deux mères ? Combien de pères pourraient avantageusement être symboliquement remplacés lorsqu'ils ne concrétisent pas le « vrai modèle du genre » ? Je n'en demeurai pas moins désespérée, vis-à-vis de mes enfants, de ne pas avoir été le père qu'ils attendaient.

J'ai préféré qu'ils forgent dans leur imagination l'image d'un père idéal, plutôt que de les décevoir constamment dans la réalité. C'est la raison pour laquelle je dus les quitter. Notre séparation, aussi éprouvante qu'elle fut et malgré les souffrances qu'elle entraîna, leur a sans doute permis de croire qu'ils avaient un père, misérable et déchu, mais un père tout de même. C'est ce qu'ont pensé les deux cadets, je suppose. J'ai, cependant, quitté les aînés trop tard. Certainement ont-ils eu le temps de se persuader que je ne valais rien en tant que père et vraisemblablement aussi, en tant qu'homme. J'aurais bien du mal, maintenant qu'ils sont tous devenus des hommes et des femmes, à leur faire admettre qu'ils ont eu deux mères... Et que le terme de « père » susceptible de figurer dans une missive, ne s'est jamais appliqué à ce que j'étais pour eux. Ce concept s'oppose même, totalement, à la forme d'amour que je leur porte et que je leur conserverai toujours.

Peut-être ce livre les incitera-t-il à chercher à mieux me comprendre et à prendre conscience que nous avons tous profondément souffert d'une situation où aucun d'entre nous n'a eu la moindre part de responsabilité...

***

Le terme de « transsexuel » ne me convient pas non plus. Il ne correspond pas à mon évolution, car je ne suis pas passée d'un sexe à l'autre. Je n'ai jamais été un homme ; et cette « appellation non contrôlée » est inexacte en ce qui me concerne. Elle ne peut que fausser l'esprit de ceux qui souhaitent réellement comprendre une telle évolution. J'ai présenté ce que je pense devoir appeler une *discordance cérébro-génitale.*

J'ai toujours été féminine par mon cerveau et suis maintenant femme par mon sexe. Je proclame mon innocence et mon irresponsabilité dans l'erreur qui m'a été imposée à ma naissance. Je tiens à démontrer aux yeux du monde que ma qualité première est d'être *vraie,* alors que j'ai été contrainte à vivre dans le mensonge. Je le dénonce publiquement. Je reconnais que, pour la société actuelle et ses spécialistes les plus compétents, il n'est pas facile de me comprendre. Seuls, ceux qui sont passés par le même chemin peuvent en parler en connaissance de cause. Je reconnais, également, que certains comportements pathologiques présentent quelques points communs avec le mien et qu'il est malaisé de les différencier. Jusqu'à ce jour, la société a choisi la solution de facilité qui consiste à mettre les êtres qui se ressemblent dans un même groupe. Les plus bruyants, les plus revendicateurs, les plus démonstratifs, comme les travestis ou les homosexuels délirants, y traduisent le plus spectaculairement leur déviance. Ils ont imposé, au nom de tous, une définition globale et péjorative, étouffant un groupe minoritaire, dont je fais partie, pour qui les seules caractéristiques consistent à ne pas avoir de signe particulier et ne pas faire parler de soi.

Le vrai ne se manifeste pas, il se constate.

J'ai été rejetée de la société parce que la définition de l'être humain n'a pas évolué depuis la Création. Elle a été établie selon des apparences morphologiques qui, à de rares exceptions près, correspondent à une structure cérébrale déterminée. Le jour où cette définition reposera sur la nature et la conformité du système nerveux, ces rares exceptions qui aujourd'hui comprennent, entre autres, ce qu'on appelle injustement « transsexualisme » n'existeront plus.

La société prendra en considération différentes catégories de sujets, tous aussi normaux les uns que les autres, chez lesquels le fonctionnement du système nerveux déterminera la — ou les — caractéristiques propres à chacun. La taille, la couleur de la peau comme la sexualisation du cerveau sont des manifestations hormonales variables. Les sexes, mâle et femelle, sont présents dans la plupart des espèces animales et végétales. Ils sont indispensables à la fonction de reproduction, comme les autres fonctions le sont à l'organisme. Mais, ils ne constituent pas une définition suffisante pour établir les lois et la morale de notre société, la plus évoluée, mais aussi la plus illogiquement discriminative.

***

Il m'a fallu devenir médecin, tenter de sauver des vies humaines dans l'espoir insensé de sauver la mienne en cherchant le sens qu'elle avait pour moi. La plupart de ceux que j'ai soignés ont su, au moment voulu, me tendre la main. Ils ont pris en compte l'espoir que je leur ai donné et me l'ont rendu spontanément le jour où je l'avais totalement perdu. A tous ceux-là qui m'ont fait confiance, sans comprendre et qui se sont abstenus de me juger, il était de mon devoir de confirmer qu'ils étaient pénétrés de sagesse. A ceux qui m'ont dénigrée et traînée dans la boue, parce que je n'étais pas conforme aux « NORMES » sacro-saintes de leur société, je me suis sentie contrainte de démontrer combien ils ont tort d'attribuer à leurs organes sexuels la suprématie que leur cerveau ne détient pas.

***

Et maintenant... suis-je réellement femme ?

Quand la justice et la médecine s'uniront pour établir

une juste définition de l'être humain, ma carte d'identité traduira véritablement « mon identité ».

Pour l'instant, je laisse le soin à ceux et à celles qui me voient vivre tous les jours de répondre à cette question.

En ce qui me concerne, je suis très heureuse et cela me suffit.

TROISIÈME PARTIE

POUR EN SAVOIR PLUS...

1) LES EXPRESSIONS SEXUELLES

Deux périodes aparaissent déterminantes dans la vie du garçon, réalisant un véritable aiguillage sur la voie de son destin : la première, hormonale, d'une durée de six mois à partir de la naissance ; la seconde de trois années environ (approximativement entre trois à cinq ans) où se forme le psychisme, essentiellement fonction de l'attitude des parents.

L'origine de la transsexualité correspond à la première. L'homosexualité et le travestisme se constituent au cours de la seconde. L'expression sexuelle d'un individu représente l'ensemble des manifestations psychiques complémentaires à la commande hormonale. Celles-là peuvent stimuler celle-ci, l'intensifier ou la freiner. Au cours du premier semestre de la vie, le cerveau, et en particulier l'hypothalamus, va subir une orientation définitive selon sa réceptivité hormonale. Sur ces bases, l'expression sexuelle devient fonction des idées et des impressions qui se forgent pendant la petite enfance et s'enfoncent dans les profondeurs de l'inconscient pour resurgir sous la forme de fantasmes.

Le transsexuel est un asexué psychique et un sexué sur le mode de ses glandes génitales. L'hétérosexuel, l'homosexuel et le travesti ont un cerveau normalement sexualisé. L'homosexuel intégral ne pourra jamais devenir un hétérosexuel car ses interdits sexuels primaires resteront éternellement dominants. Par contre, le transsexuel peut être totalement transformé par les hormones et la chirurgie pour devenir conforme à son sexe cérébral.

L'expression sexuelle est fonction des fantasmes. Dans certaines conditions, elle peut revêtir un aspect pathologique à divers degrés, remarquablement décrits par R.J. Stoller.

L'hétérosexualité est, pour l'homme, offensive et pulsionnelle. Elle se réalise dès l'enfance par un détachement maternel et une identification paternelle du garçon.

L'hétérosexuel efféminé, passif, caractérise une forme de sexualité névrotique. Elle s'établit à la suite de difficultés répétées ou constantes dans les relations de l'individu avec son entourage et constitue une attitude défensive. Cette manifestation passive de l'homme qui se soumet à la domination sexuelle de la femme représente une solution de protection contre les conséquences d'un refoulement de pulsions agressives constamment présentes.

L'homosexualité masculine concrétisait la virilité dans la Grèce antique. Elle s'instaure à la suite d'une modification de l'orientation cérébrale des excitations créant l'orgasme. Les rapports sexuels avec un individu de sexe opposé constituent un interdit et n'engendrent pas le plaisir. C'est la résultante d'une situation de conflit vers l'âge de trois à cinq ans. Les relations affectives du garçon avec sa mère entrent en compétition avec celles que son père a établies conjugalement. Ce dernier, partenaire officiel, représente l'autorité, c'est-à-dire le pouvoir d'interdire et de menacer. Tout se passe, en fait, comme si le garçon se sentait coupable envers son père d'éprouver du plaisir au contact de sa mère, préfiguration normale et indispensable de sa sexualité future. Il s'imagine qu'il est en faute et mérite le châtiment paternel qui consiste à supprimer l'objet du délit ayant perçu une ébauche de plaisir. Il suppose être menacé de castration s'il persiste dans son désir de contact affectif avec sa mère ou celle qui se substituera à elle. Cette présomption, sans base réelle, se sublimera en un fantasme immuable lui interdisant d'utiliser son pénis à des fins hétérosexuelles. Ses rapports sexuels s'effectueront avec un autre homme qui présente l'avantage de permettre la fonction sans image ou contact féminin, même partiel. Le coït anal n'est pas angoissant, il diminue la ressemblance avec l'objet sexuel féminin et accroît la sécurisation. L'homosexuel réagit comme s'il éprouvait le besoin d'apaiser le courroux d'un père vengeur en lui témoignant un lien, une auréole et une affection orientés normalement vers la femme.

L'homosexuel, pour qui la femme est interdite, peut également refuser son homosexualité qui devient un second interdit. Dans ce cas, j'ai pu constater deux comportements totalement différents :

— Dans sa *forme mineure,* l'homosexuel tente, d'une part, de se prouver à lui-même qu'il ne l'est pas. Il s'autorise des rapports sexuels avec la femme mais les préfère par coït anal. Il se voit contraint de changer fréquemment de partenaire, car rares sont celles qui apprécient ce genre de relations. D'autre part, il craint que son entourage ne s'aperçoive de ses tendances névrotiques et passe son temps, en société, à monopoliser l'intérêt de ses auditeurs en leur racontant, sans cesse, ses multiples conquêtes de femmes, toutes plus belles les unes que les autres, tout en espérant séduire celles qui sont présentes. Ses affabulations le sécurisent, car il ne laisse à personne la possibilité de supposer les anomalies réelles de sa sexualité.

— Dans sa *forme majeure,* l'homosexuel refusant complètement son homosexualité est entraîné vers des manifestations délirantes, dont deux formes concernent le transsexualisme : une forme de délire paranoïaque et le délire d'identification sexuelle. Ce sont des psychoses graves.

Une forme de *délire paranoïaque* chez la femme concerne indirectement le transsexuel homme qui la recherche en tant que moyen de destruction pour anéantir sa fausse personnalité devenue insupportable. Ce délire, constituant l'expression d'une homosexualité radicalement refoulée, est relativement fréquent, tant chez l'homme que chez la femme. Il se traduit par un état revendicatif permanent avec sentiment de persécution d'intensité et d'extériorisation variables. La femme touchée par cette affection, souvent se marie normalement mais passe son existence à reprocher à son conjoint de l'empêcher de vivre sa sexualité et l'accuse d'avoir des contacts sexuels réels ou imaginaires avec l'autre sexe qu'elle se défend d'avoir. Le mariage représente, pour elle, un moyen d'extérioriser son délire en lui permettant de revendiquer, à sa façon, un droit qu'elle s'interdit formellement : aimer une femme. Ainsi, en épousant un homme docile et faible de caractère, elle ne parviendra à exprimer son délire qu'en lui reprochant sans cesse de s'octroyer ce droit et de la narguer par un quelconque contact avec les femmes, ne serait-ce qu'un regard. Dans le cas d'un mari irréprochable, elle s'imaginera qu'il dissimule une existence perverse que, seule, son intelligence très supérieure lui autorise à vivre sans que personne ne puisse s'en apercevoir. Elle peut espérer voir son « mari » devenir une sorte de « trait d'union » entre elle et les autres femmes, un moyen d'éprouver un contact sexuel par procuration. Mais elle se rendra rapidement compte de la quasi-impossibilité de résoudre ainsi son problème. Sous l'emprise d'une jalousie insensée, elle deviendra destructrice, au plus haut point, de celui qui lui fait constamment prendre conscience qu'elle est victime de l'aliénation de ses propres droits.

Le délire d'identification sexuelle touche essentiellement un homosexuel qui se sent dévirilisé en s'apercevant qu'il éprouve un désir sexuel pour un homme. Il refuse également son homosexualité et tente, au début, de fortifier son expression virile par divers exploits ou en s'engageant dans l'armée ou la marine. Mais il ne parvient pas à susciter en lui un instinct combatif et se sent, en permanence, différent de ses camarades hétérosexuels. Il est constamment hanté par la pensée qui le terrifie, de désirer des relations sexuelles avec un homme. Son perpétuel conflit intérieur, affaiblit et amoindrit sa personnalité virile. Il cherche alors une solution à son chaos qu'il trouve à l'aide d'une idée délirante : puisqu'il aime un homme, c'est qu'il est une femme. Cette pensée fantastique le rassure. Il finit par se convaincre qu'une erreur a dû être commise dans l'attribution de son sexe. Cette conviction profonde d'appartenir au sexe opposé au sien devient l'illustration de son délire. Il parvient à convaincre par un raisonnement irréfutable la société qui l'entoure et celle-ci l'autorise à se transformer par les hormones femelles et la chirurgie.

Ce type d'évolution est le seul à pouvoir se confondre avec le transsexualisme. Mais la différence fondamentale réside dans les faits. D'une part, la notion de conviction d'appartenance s'établit très progressivement chez le transsexuel par un raisonnement du type hypothético-déductif dans lequel chaque hypothèse est vérifiée avant que l'on émette la suivante ; alors que chez le délirant, la conviction n'est qu'une résultante de conflits psychologiques. D'autre part, le transsexuel homme n'est jamais attiré par un autre homme mais toujours par la femme dans un but d'identification qu'il ne parvient à construire qu'après sa transformation.

Il existe, également, des *homosexuels* passifs ou *effé-*

minés et soumis. Leurs pulsions refoulées deviennent dévirilisantes. Ils se sentent totalement hommes mais perçoivent la nécessité de revêtir des vêtements féminins non pas dans le but de créer en eux une excitation sexuelle, mais pour caricaturer le féminin et se moquer de la femme. En se transformant en femme, ils démontrent une absurdité et prouvent ainsi qu'ils n'ont aucune raison d'en être une. En aucun cas, ils ne souhaitent changer de sexe. Leur déguisement est intermittent. Ces manifestations ont une origine différente de celles de l'homosexuel dominant. Selon Bieber, la mère de l'homosexuel efféminé est surprotectrice, séductrice et rejetante à la fois. Elle préfère son fils qu'elle prend comme confident et établit, avec lui, une alliance contre le père qui peut être distant et hostile ou, au contraire, trop présent et faible. Elle s'arroge le rôle qu'a le père pour l'homosexuel dominant. Elle s'oppose à l'évolution de ce garçon vers une identification paternelle et entretient, chez lui, une constante démasculinisation. Enfin, elle perpétue une dépendance de l'enfant envers elle en encourageant sa timidité. Devenu homme, son garçon se vengera de l'attitude opprimante et castratrice de sa mère et se travestira pour la singer et la ridiculiser aux yeux de son entourage. Mais il reste essentiellement homosexuel et ses apparences féminines lui évitent d'avoir à surmonter sa timidité pour rencontrer son homologue offensif qui vient spontanément à lui.

Le travesti est un homme qui porte en permanence des vêtements féminins. Ce n'est pas un déguisement, mais une disposition et un comportement impératif pour l'équilibre de l'individu qui ne peut vivre que dans cet état. Il s'agit d'une perversion qui se rapproche de l'homosexualité par son origine déterminant l'angoisse d'un châtiment de castration, surpassée mais non dominée. Le travesti s'habille en femme pour démontrer à la société qu'il ne craint pas de subir cette sorte de punition fantasmatique qui, en réalité, le tracasse constamment. Il surpasse son angoisse qu'il ne peut dominer en s'infligeant une condamnation dont il se sent menacé. Il préfère vivre en sécurité dans une situation fausse que timoré dans la réalité. Même habillé en fille, le travesti refuse d'être considéré comme appartenant au sexe féminin. Son habillement devient indispensable à la manifestation de sa sexualité car son comportement engendre une excitation sexuelle puis l'orgasme qui le rassure sur sa masculinité toujours présente. Il ne tient pas à prendre des hormones femelles qui anéantiraient ses capacités d'érection et de jouissance, et, réduisant sa puissance virile, le désécuriseraient puisqu'il se sent réellement homme. Le travesti s'identifie à une mère phallique et non à une image paternelle. Il affirme ne pas être homosexuel. Ses conflits d'origine ne l'y prédisposent pas. Toutefois, l'expression de sa sexualité lui impose une forme d'exhibitionnisme verbal et vestimentaire. Cette situation implique des relations sexuelles préférentielles avec les hommes sans exclure celles avec les femmes, qui sont rarement disposées à le fréquenter. Il n'est homosexuel que par élection et hétérosexuel de constitution.

Depuis quelques années, un nouveau type de prostitution s'est constitué. Dans certains pays, des garçons et des adolescents sont traités par des hormones femelles dans le but de les transformer en *hommes féminisés* qui présentent des seins hypotrophiques et une voix qui n'a pas mué. Habillés en filles, ils se livrent à la prostitution dont ils font leur profession. Ils améliorent leurs apparences féminines par des prothèses et se font implanter un vagin dans le but d'améliorer leurs qualités professionnelles. Ce sont des hétérosexuels qui exploitent un déguisement vestimentaire et corporel leur permettant un comportement « à la demande » des nécessités sexuelles du client. Ils simulent l'homosexuel ou le travesti bien que quelques-uns puissent l'être réellement.

Un homme qui porte des vêtements féminins peut être un homosexuel efféminé, un travesti, un sujet délirant ou un transsexuel. Il n'y a pas de faux transsexuels, mais seulement des erreurs de diagnostic. Il semble relativement simple de les différencier par un entretien orienté. Il n'est plus impossible de donner à chaque appellation une définition précise.

Le transsexuel masculin ne recherche pas l'homme, car, éprouvant déjà un malaise évident dans sa constitution masculine, ce n'est pas pour le retrouver au contact d'un autre individu du même sexe. Il cherche son identification au contact de la femme. Ce n'est que par cette identification qu'il parviendra à construire son identité qui deviendra une réalité nécessairement plus tardive que celle qui aurait dû s'établir par une orientation du garçon vers l'homme. Ce n'est qu'après avoir pris conscience de son identité qu'il pourra construire sa sexualité.

L'évolution transsexuelle traduit l'épanouissement d'une personnalité correspondant à son identité psychique. Cet épanouissement devient de plus en plus spectaculaire au fur et à mesure d'une imprégnation hormonale progressive. L'intervention chirurgicale est, avant tout, esthétique et harmonie et non pas but, conquête, revendication ou fatuité. Elle est validante, fonctionnelle et édifiante dans le cas de la discordance cérébro-génitale.

Le cerveau reste et sera toujours la dominante suprême de l'être. Toute autre partie constituante de l'individu s'élaborera naturellement ou artificiellement et de façon impérative et harmonieuse selon les directives immuables de ce merveilleux centre organisateur de notre équilibre psychique si cher à notre société, à ses médecins et à ses juges.

⁂

2) MON ÉVOLUTION N'EST PAS UNE MALADIE...

... comme le supposent encore certains médecins qui en ignorent tant les causes que la définition.

Les uns décrivent un syndrome psychopathologique grave caractérisé par le fait qu'un homme s'habille en femme et affirme appartenir au sexe féminin. Ils pensent qu'il s'agit là d'une névrose obsessionnelle avec dépersonnalisation. Leur diagnostic serait identique si j'étais arrivée chez eux revêtue de l'uniforme de l'Empereur avec son bicorne en affirmant avec conviction : « Je suis Napoléon. » Certains d'entre eux estiment même que si j'annonce avec certitude qu'en devenant une femme j'ai accédé au bonheur et vais tout à fait bien, cela ne prouve quoi que ce soit si ce n'est que je suis définitivement fichue. Ce qui pourrait être vrai si je me sentais être devenue Napoléon ou Jeanne d'Arc. Le fait de se sentir bien implique pour quelques-uns l'inutilité d'une thérapeuthique et expédie le malade avec les « irrécupérables ». Or, il me semble facile de différencier l'individu qui explique : « Je suis femme parce que, malgré de multiples efforts, je n'ai jamais pu être un homme et que mon cerveau s'est toujours manifesté sur un mode féminin », et celui qui revendique l'identité de Jeanne d'Arc et croit en être la réincarnation. Dans le premier cas il s'agit d'une discordance cérébro-génitale non pathologique et dans le second d'une manifestation délirante susceptible de se terminer par un suicide.

D'autres médecins pensent qu'il faut rigoureusement proscrire toute intervention chirurgicale inversant l'apparence des organes génitaux ; de même qu'il faut s'opposer à l'élaboration d'une loi autorisant le changement d'état civil. En effet, évoquent-ils : « Nous ne savons pas faire le diagnostic de transsexualisme. Il n'y a aucun argument scientifique qui permette d'individualiser le transsexuel. » Les urologues, les endocrinologues et les sexologues pensent que : « Tant que la lumière ne sera pas totalement faite sur ce grave problème et que planera le doute, il faut s'abstenir de toute manifestation qui tendrait à laisser supposer que le transsexuel est plus compétent que le médecin pour mieux savoir faire le diagnostic qui le concerne. » Ils craignent également de voir une ruée de travestis et d'hystériques délirants se précipiter, avec quelques rares transsexuels, dans les hôpitaux et cliniques autorisés pour solliciter un changement de sexe, ainsi qu'auprès des tribunaux de grande instance pour obtenir leur changement d'état civil.

Toutefois, les médecins pensent, à juste titre, qu'une erreur de diagnostic est dramatique pour le sujet qui se rend compte, après l'opération, que la nature et la fréquence de ses malaises n'ont pas changé. L'irréversibilité du changement les incite à réfléchir encore. En attendant, ils préfèrent que les transsexuels soient contraints, pour vivre matériellement et en harmonie avec leur système nerveux, de se livrer à une prostitution obligatoire, source d'un déséquilibre dangereux engendré par une sexualité forcée et illégale. Faut-il condamner un être bien portant de crainte d'aggraver par erreur l'état de santé de celui qui est déjà malade ? Ne pas prendre position est sans doute moins culpabilisant que de commettre une faute.

Les médecins ne parviennent pas à comprendre et à définir le transsexualisme. N'est-ce pas pour la simple raison que ce n'est pas une maladie ? Or, ils ne savent pas traiter un individu sain de corps et d'esprit !!! Les juges ont reconnu cette évolution avant les médecins, car les problèmes qu'elle suscite sont plus sociaux que médicaux.

***

Certains sexologues estiment que, n'ayant pas un clitoris d'origine, je n'ai pas les terminaisons nerveuses spécifiques qui induisent l'orgasme.

Selon Masters et Johnson, l'acte sexuel de l'homme et

de la femme comporte quatre phases successives et impératives : excitation, plateau (congestion me paraît plus juste), orgasme et résolution. Celles-ci impliquent : des nerfs, des vaisseaux sanguins et une musculature que je possède. Mes zones érogènes, à l'origine de l'excitation, se sont progressivement déplacées avant même l'intervention chirurgicale, sous l'influence des hormones femelles. J'en ai conclu que les terminaisons nerveuses responsables se différencient en fonction de l'hormone circulante prédominante. Les estrogènes de la femme sont déterminants pour la première phase de l'acte sexuel. A partir d'une certaine concentration sanguine, ils provoquent une sensibilité caractéristique au niveau des bouts de seins ainsi qu'une transsudation vaginale. D'après Oliven : « Le clitoris et le vagin ont chacun leurs propres terminaisons nerveuses spécifiques, capables d'amener l'orgasme... qui peut être obtenu sans les stimuler. » Les images psychiques ne sont que potentialisatrices mais non déterminantes ou causales du plaisir sexuel ; par contre, elles peuvent être inhibitrices.

Lorsque Tirésias proclama devant Zeus et sa femme Héra, sans aucune hésitation : « Si la jouissance d'amour se composait de dix parties, la femme en aurait neuf et l'homme une seule », son génie l'autorisait, j'en suis persuadée, à affirmer des règles très proches de la vérité. A la suite d'une longue introspection je suis parvenue à découvrir neuf parties susceptibles de composer la jouissance d'amour de la femme. Ce sont : les satisfactions de plaire et d'être choisie, d'être aimée, de se donner, de plénitude, de complétude (dans le sens de former un tout), de créativité, d'un orgasme intense et puissant, de la répétition pratiquement infinie de cet orgasme, de son pouvoir immédiat d'exaltation. Je n'ai sans doute pas cerné l'ensemble de la question, mais j'étais heureuse d'en avoir trouvé neuf. Ces neuf parties constituent un tout qui s'extériorise au cours d'une période, de durée variable, qui débute au moment de l'orgasme. Pour l'homme, au contraire, l'orgasme termine la jouissance d'amour. C'est la raison pour laquelle les relations sexuelles entre les êtres humains sont parfois décevantes, car l'important, pour l'homme, se situe avant et pendant ; pour la femme, c'est après. J'ai constaté également la véracité des déclarations faites dans l'ânangâranga hindou (complément du *Kâma-sûtra*) affirmant que la jouissance physique, chez la femme, est huit fois plus puissante que chez l'homme. Ovide, pour sa part, n'a pas craint d'avancer que : « La passion incontrôlable des femmes est dix fois plus violente que chez les hommes. » Sans vouloir donner des chiffres indicateurs de puissance de l'orgasme, je peux assurer les adeptes de l'hindouisme que leurs traités de l'érotisme ne se trompent pas. L'orgasme de la femme est plus difficile à obtenir, mais beaucoup plus puissant que celui de l'homme.

Sur le plan psychologique, la femme est meilleure détentrice de la sagesse. Elle maîtrise son intuition et son désir de savoir, son corps, ses sentiments et sa sexualité aussi longtemps que bon lui semble ; elle a la faculté de se mettre à la place des autres ; elle peut acquérir son autonomie et son indépendance ; elle s'ennuie rarement et se passionne plus pour ce qu'elle fait ; elle est conservatrice des règles de la morale.

La femme détient en elle tant de richesses qu'elle ne se rend pas compte de tout ce qu'elle possède. Il lui arrive, parfois, d'en réclamer une petite parcelle, à corps et à cris, que personne ne pourra jamais lui accorder puisqu'elle en est déjà détentrice. Une journée lui fut consacrée pour lui permettre de faire ses revendications. Des centaines d'entre elles manifestèrent dans les rues de la capitale en brandissant des pancartes réclamant le droit d'avoir « la maîtrise de leur corps ». Or, elles l'ont bien plus que l'homme qui est contraint d'aller la rejoindre pour que le sien ne se détraque pas.

La femme n'a aucune raison d'être animée d'un instinct combatif. Pour conquérir quoi ? Une seule de ses richesses peut éventuellement lui suffir : la joie de la créativité. Mais à la condition que les autres ne lui soient pas confisquées. Ses faiblesses apparentes viennent du fait qu'elle a tout ce qu'il lui faut pour se laisser vivre. L'homme, au contraire, est astreint à un état de conquête perpétuelle, ne serait-ce que par crainte de perdre sa sensation de puissance virile, échafaudage en déséquilibre constant.

Mais c'est sur son système hormonal que la femme doit fonder ses plus grands espoirs. Malheureusement, elle ignore totalement les avantages qu'il serait susceptible de lui apporter. Il paraît extrêmement important et urgent que la recherche scientifique se penche sur les équilibres hormonaux qui s'opposent à son vieillissement. Je suis persuadée que d'importantes découvertes peuvent être envisagées concernant la prévention de la plupart des maladies de la femme après quarante ans. Quand la femme connaîtra le pouvoir de ses hormones, elle ne vieillira plus.

3) QUAND LA JUSTICE S'ÉVEILLERA...

A propos de l'article paru dans le recueil Dalloz Sirey 1981, 19e cahier — Chronique : Le transsexualisme : esquisse pour un profil culturel et juridique par le professeur de droit Lucien Linossier de l'université de Saint-Etienne *.

Le droit français semble, actuellement, se heurter à la compréhension du phénomène transsexuel, principalement en ce qui concerne ses origines et sa définition. Les indécisions, les contradictions, les polémiques autour de ce réel problème juridique viennent essentiellement d'un imbroglio de données et d'observations qui, de ce fait, ne peuvent être appréciées à leur juste valeur et déterminer la promulgation d'une loi qui mettra fin à une injustice concernant le sexe d'attribution et à de multiples interprétations qui, selon les motivations et les connaissances de chacun, embrouillent plutôt qu'elle n'éclaircissent la notion de transsexualisme.

Le professeur Lucien Linossier laisse aux systèmes juridiques français un véritable testament professionnel concernant ce problème dont il envisage, avec une clairvoyance exceptionnelle, les multiples aspects aussi bien législatifs que sociaux et médicaux. Je ne peux que rendre hommage à ce juriste omniscient pour son remarquable et ultime témoignage auquel jc réponds ici :

> Mon expérience et mes recherches personnelles sont susceptibles d'apporter un certain nombre d'explications partielles et complémentaires à cette esquisse juridique et, je l'espère, de déterminer les bases d'une recherche fondamentale qui aboutira à une définition précise et plus jamais controversée de la transsexualité.

Le professeur Linossier constate d'abord certains faits. En France, le transsexuel a une vie sociale difficile entraînant la dérision, le rejet de la part de ses employeurs, voire de ses proches. Il est dans l'impossibilité de fonder

* Le professeur Lucien Linossier est malheureusement récemment décédé sans pouvoir parachever son combat pour établir une juste notion de « la transsexualité, cette mystérieuse inconnue ».

un foyer comme tout autre être humain. Il est contraint à une marginalisation de son existence et à se livrer à la prostitution pour y subvenir.

> Ainsi, par nécessité vitale, le transsexuel est astreint à exercer une profession du sexe ; alors que le sien, mal défini, perturbe de longue date son équilibre cérébral. A son désarroi personnel et social, il est obligé de simuler une perversion dont il n'est pas atteint. Il joue le rôle de travesti dont le comportement est une expression sexuelle pathologique. C'est la raison pour laquelle transsexuel et travesti sont assimilés à un même type de déviance.

Dans deux jugements de juillet 1979 et octobre 1980, le tribunal de Saint-Etienne admet la notion de transsexualisme vrai qui autorise un changement de prénom mais non encore celui de l'état civil.

La conviction d'appartenir à un sexe opposé à celui qui est attribué et physiquement bien déterminé inspire au transsexuel l'idée d'une erreur de la nature dont il est victime. Les articles médicaux et juridiques se multiplient dans le but de tenter de fournir des éclaircissements à ce problème confus. La notion de délire sexuel s'estompe en ce qui le concerne, et sa nature se différencie progressivement de l'homosexualité et du travestisme.

Le transsexuel dont aucun bilan ou examen approfondi ne vient infirmer le sexe déclaré à la naissance s'oppose à l'intersexuel caractérisé par des anomalies de la morphologie sexuelle en rapport avec une perturbation d'origine chromosomique.

> *L'intersexualité* consiste en une ambiguïté génitale caractérisée par une incertitude dans l'apparence des organes génitaux ou par « un décalage » entre leur aspect et le sexe réel génétique. Par exemple, on parle de :
>
> — pseudo-hermaphrodisme féminin, lorsqu'une fille est née sans vagin et avec un clitoris hypertrophié ;
>
> — pseudo-hermaphrodisme masculin, lorsqu'un garçon est né sans pénis.
>
> Il s'agit là d'une erreur d'assignation qui sera découverte au plus tard à la puberté. La rectification de l'état civil sera effectuée sans difficulté par le tri-

bunal, mais celle-ci n'est conseillée psychologiquement qu'en fonction de la conviction du sujet d'appartenir ou non à son sexe d'assignation et non à son sexe biologique. Ici la psychologie prime la biologie. L'identité de genre est précoce, immuable et essentielle à la personnalité.

Le testicule féminisant n'est pas une intersexualité comparable aux autres pseudo-hermaphrodismes. Il s'agit d'un sujet ayant un caryotype XY, donc garçon, mais déclaré fille à sa naissance. Ses testicules sont, le plus souvent, restés intra-abdominaux et ses organes génitaux externes sont féminins. Il présente un défaut génétique de récepteurs induisant une insensibilité totale à ses hormones mâles (les androgènes). Cette affection, génétiquement liée à une anomalie du chromosome X, a été également observée dans d'autres espèces animales. La sécrétion de la testostérone par les testicules est normale, mais les récepteurs des androgènes sont absents dans les organes où ils se situent normalement, alors que ceux des autres hormones, en particuliers des estrogènes, sont présents et normaux.

La découverte de ce syndrome se fait, en général, dès le début de la puberté par l'absence d'apparition des caractères sexuels secondaires mâles remplacés par la survenue, d'une façon moins spectaculaire que chez la fille, des caractères sexuels secondaires féminins. Le testicule produit normalement, en plus des hormones mâles, des hormones femelles (estrogènes : estradiol et estrone) en quantité réduite, mais en fonction de l'activité testiculaire qui devient très importante à la puberté *. Les estrogènes deviennent seuls actifs, et la morphologie du garçon se féminise rapidement. Contrairement à l'intersexualité, le testicule féminisant n'autorise pas le choix. Le chirurgien, puis le juge ne feront aucune difficulté pour rectifier une nature sur laquelle l'impact des hormones mâles ne se produira jamais.

** A titre indicatif, la fonction testiculaire du garçon à la puberté produit une quantité d'estradiol entraînant une concentration sanguine de 25 picogrammes par ml. qui peut atteindre 41 dans les cas extrêmes (R. Scholler et coll.). Chez la fille, la concentration moyenne d'estradiol au cours de la première semaine de son cycle est de 53 pg/ml.

Les systèmes juridiques reconnaissent que la psychothérapie échoue généralement chez le transsexuel et se demandent s'il faut considérer l'intervention chirurgicale comme une thérapeutique valable susceptible d'être déterminante dans la modification du sexe juridique. Certains pays ont admis la rectification administrative mais non celle de l'état civil ; c'est le cas dans certains Etats des U.S.A. et en Grande-Bretagne. Dans d'autres Etats des U.S.A. et du Canada anglophone, ainsi qu'en Suède, en Allemagne et en Italie, une loi a été édictée qui valide l'opération. Ailleurs, comme en France, la jurisprudence actuelle oppose à la demande du transsexuel « le principe de l'indisponibilité de l'état des personnes auquel l'ordre public est intéressé ». Malgré cela, le transsexualisme tend à s'installer malgré la répression pénale et les nécessités d'un ordre public rigoureux, mais un courant qui lui est favorable se dessine car, d'une part, certains jugements font intervenir en sa faveur la notion de « sexe vécu » primant le sexe morphologique, d'autre part, la Commission européenne des droits de l'homme fait valoir l'article 8 de la convention qui protège les droits de l'homme et les libertés et défend le principe de l'identité sexuelle comme un droit fondamental de la personne.

Le professeur Linossier constate que le transsexualisme n'a pas reçu d'explication satisfaisante concernant ses causes toujours incertaines et que les opinions des spécialistes considérés comme les plus compétents pour dissiper toute incertitude sur sa nature scientifique sont divergentes. Pour les uns, un antigène tissulaire H/Y serait déterminant, d'autres prônent une influence éducative, enfin les défenseurs d'une origine socio-culturelle semblent avancer des théories plus étayées *

> En fait, origine et définition de la transsexualité doivent être recherchées ni dans une malformation chromosomique ni dans une attitude des parents. La cause hormonale de la naissance semble la plus probante comme le pensent J. Money et A. Ehrhardt.

* *J. Money et A. Ehrhardt* admettent que des influences hormonales pré-natales ou néo-natales déterminent des structures cérébrales orientées. A dix-huit mois, le sentiment d'identité serait formé.

R. Stoller parle d'une force biologique inconnue et de l'influence primordiale des attitudes parentales.

Janice G. Raymond pense à deux causes d'ordre culturel : la rigidité de la civilisation patriarcale et l'unique recours à la chirurgie.

L'absence d'expression sexuelle associée à une représentation cérébrale doit permettre un diagnostic relativement facile pour un spécialiste compétent qui parviendra à dissocier le vrai du faux, le réel du factice, le normal du délire.

Reconnaître le transsexualisme pour les juridictions ce serait admettre que l'opération a un but thérapeutique, ce qui est le cas pour les intersexualités et les sujets pourvus de testicules féminisants. Actuellement la jurisprudence traditionnelle considère toujours la transformation chirurgicale du transsexuel comme illicite. Les organes génitaux sont les éléments déterminants du sexe à la naissance. L'indisponibilité de l'état sexuel est sauvegardée dans le traitement opératoire des ambiguïtés sexuelles puisque la nécessité thérapeutique prime le simple désir du sujet.

Seule une erreur commise à la naissance autorise légalement la modification de l'état civil dont la rectification prend effet le jour du jugement. Les juges ne prennent pas en considération les apparences, même si elles sont nettement en faveur d'un changement juridique de sexe.

Le tribunal de Saint-Etienne, en rendant les jugements de 1979 et 1980, bouleverse la notion de sexualité en tant qu'état des personnes, en admettant que le transsexuel « agit sous l'empire d'une prédisposition dont il n'est pas maître ». En dehors du sexe génétique et du sexe morphologique, apparaît le sexe psychosocial qui supplante et contredit les caractéristiques assignées à un individu. Comme l'intersexuel, il est convaincu de la nécessité de changer de sexe car il se sent incapable de « maîtriser » le sien. Le transsexualisme devient une intersexualité psychique qui, légalement, peut s'assimiler aux intersexualités physiques tel le pseudo-hermaphrodisme.

Les jugements de Saint-Etienne, en évoquant la théorie du sexe psychosocial, font prévaloir le psychisme sur le corps ; le transsexuel opéré est déclaré comme appartenant au sexe opposé. L'homme opéré devient juridiquement une vraie femme et réciproquement. L'individu détient le droit de disposer de son corps en vue de créer une harmonie de sa personnalité.

L'expression juridique : « incapacité de maîtriser son sexe d'attribution » ne me paraît pas traduire fidèlement l'état transsexuel. Il s'agit plus exactement *d'une incapacité d'assumer* les fonctions attribuées à son sexe et, par conséquent, de s'assumer soi-même. La notion de maîtriser implique l'idée de « contenir une force », alors que le transsexuel n'a pas subi l'évolution qui lui permet de faire face à...

Le changement de sexe pose un certain nombre de problèmes pour la jurisprudence en ce qui concerne le concept de base de l'ordre public, qui ne peut être modifié par la reconnaissance de l'opération chirurgicale.

Pour certains, la religion ou la morale interdisent de porter atteinte à la fidèle reproduction de l'être originel. « Le doigt de Dieu » a écrit de façon immuable le sexe de chacun comme les lois divines sur les tables en pierre remises à Moïse sur le mont Sinaï.

Si le Créateur a tracé le schéma de notre système nerveux, son dessin correspond à un cerveau féminin que nous possédons tous le jour de notre naissance. L'évolution, les jours suivants, est indépendante de l'image-type au départ, elle s'effectue en fonction d'interactions biochimiques sur lesquelles nous n'avons aucun contrôle et dont nous ne sommes pas responsables, pas plus que pour de rares affections dues à un manque ou une insuffisance de certaines protéines dans le sang. Dieu a créé l'être humain à son image dans laquelle il attribue, certainement, plus d'importance au cerveau qu'à l'organe sexuel proprement dit. Penser le contraire serait l'offenser gravement.

Le changement de sexe s'oppose au principe selon lequel l'état des personnes est « immuable, indisponible et imprescriptible ». Le droit souhaite s'assurer de « la continuité de la personne juridique dans l'espace et dans le temps ».

Qu'y a-t-il de plus immuable et indisponible que le cerveau qui traduit la continuité de la personne dans le corps humain ? Pourquoi, dans la société dans laquelle nous vivons, l'organe sexuel a-t-il droit à toutes les étiquettes et à toutes les gloires alors que la tête ne constitue qu'une pièce rapportée qui, tant bien que mal, doit suivre le mouvement que lui imposent les organes sexuels ?

Le système juridique français assure au corps humain, souvent présenté comme une valeur sacrée, « le droit à l'intégrité physique qui est un droit fondamental ». Toute décision concernant une atteinte physique d'organes normaux et en bonne santé appartient au corps médical qui ne peut juger qu'en fonction d'un but thérapeutique.

Les juges ne demandent qu'à se mettre au diapason des médecins. Malheureusement, aucun d'eux n'est en mesure de fournir actuellement une acception formelle permettant de définir le transsexualisme. Le corps médical ignore encore s'il s'agit d'une malformation, d'une maladie ou d'une simple vue de l'esprit. En face de ce problème dramatique, le médecin réagit plus souvent en homme qui tient à sauvegarder sa notoriété sexuelle en refusant d'admettre la castration comme une thérapeutique. Pourtant, la justice attend de sa part une définition propre qui l'autorise à concevoir une loi humaine et précise. Le professeur Linossier a parfaitement conscience du drame transsexuel et tente d'esquisser un projet de loi en souhaitant une collaboration future avec une corporation dont le rôle est de donner le coup d'envoi à une réforme judiciaire sur cette question.

Toutefois, certains systèmes juridiques deviennent moins rigoureux. Le changement de sexe n'exclut pas la continuité de la personne juridique. Le corps humain ne semble plus correspondre à un objet sacré. La chirurgie esthétique peut avoir une valeur thérapeutique lorsqu'une imperfection vient bouleverser l'image de soi que l'on tient à faire valoir aux yeux de la société. Une anomalie corporelle, donc visible, peut entraîner la détresse de la personne. Il en est de même pour une grossesse involontaire ou malvenue. Ces états peuvent engendrer la dépression ou même le suicide. Le transsexuel est également une personne en détresse dont le suicide représente le seul soulagement à ses souffrances. L'interruption d'une grossesse comme celle d'une discordance sexuelle présentent un certain nombre de points juridiques communs.

Le rejet du transsexuel le contraint à une existence marginale. Son comportement impératif et illégal pose, en fait, plus de problèmes à la société que le fait d'être légalement accepté. D'autant plus qu'une fois réintégré dans son type sexuel cérébral, son équilibre psychique et son épanouissement l'entraînent immanquablement à se ranger parmi les êtres normaux qui ne font jamais parler d'eux. Le changement d'état civil peut lui être accordé sans crainte dans la mesure où il est réellement transsexuel. Le changement de prénom, seul, pourrait éventuellement représenter une concession du tribunal à la demande d'un individu opéré qui ne répond pas à la définition du transsexualisme, ceci dans le but de ne pas aggraver une situation de détresse persistante à laquelle l'intervention chirurgicale n'a pas apporté de solution heureuse. Les juges ne sont pas mis devant un fait accompli, mais devant une erreur de diagnostic imputable au chirurgien et à ses collaborateurs. L'opéré n'est pas responsable de sa mutilation car ce n'était pas à lui de fixer les modalités d'une thérapeutique pour une affection dont il se croit atteint. Le changement de prénom dont il est susceptible de bénéficier ne constitue qu'une « carte d'invalidité » par laquelle la société reconnaît une erreur en ce qui concerne le diagnostic et le traitement d'un sujet gravement perturbé et dont la réinsertion sociale est très compromise.

La personne transsexuelle, non reconnue, inquiète et pose des problèmes tant aux juges qu'aux médecins :

Un transsexuel homme, devenu femme, en cas de condamnation à un emprisonnement se verra-t-il mis dans le quartier des hommes ? S'il est envoyé dans le secteur des femmes, c'est que la justice le reconnaît être du sexe féminin ? La seule solution semble de le mettre à l'isolement comme les contagieux et les dangereux.

Un médecin appelé à traiter un transsexuel opéré va-t-il considérer son malade en fonction de son sexe de naissance ou de réalisation ? De nombreuses maladies viennent d'un déséquilibre des hormones sexuelles, s'il n'est pas informé du traitement et de la pathologie de son (sa) client(e), comment fera-t-il un diagnostic et un traitement précis ?

La justice ne peut se soumettre au fait accompli de l'opération. Elle réclame, à juste titre, « une garantie médicale précédant la phase judiciaire ». Comment se faire une juste opinion sur la nécessité d'un changement d'état civil si le demandeur se présente totalement transformé ? Les propres décisions de l'individu ne sont pas suffisantes pour valider juridiquement sa demande de changement de sexe. Le tribunal ne peut que difficilement différencier le vrai du faux transsexuel, ce qui n'est pas son rôle. A défaut d'un diagnostic médical précis, il accorde le changement de prénom ou celui d'état civil selon les expertises dont le judicieux établissement permet aux plus rusés de voir leur demande satisfaite. Il semble nécessaire de prévoir des mesures susceptibles d'éviter une erreur de jugement. « Il est donc indispensable, déclare vigoureusement le professeur Linossier, que la médecine intervienne en France pour établir un diagnostic rigoureux et décider des formes du traitement, l'objectif étant de raréfier le refus de changement d'état après l'opération. »

> Cette leçon des juges aux médecins vaut, sans doute, un hommage et le respect à ceux qui se sentent contraints d'être aussi un peu médecins pour que leur institution évite de dramatiques erreurs.

Deux éventualités se présentent pour l'avenir immédiat : ou les médecins parviennent à établir une structure solide « à large pouvoir de décision » et le tribunal ne se borne qu'à un contrôle administratif ; ou bien la justice se saisit entièrement du problème du transsexualisme et procède à « une vérification contentieuse »...

> ... au même titre que les faux billets de banque, les faux diplômes, les faux papiers d'identité. Rendons à César ce qui est à César et aux médecins ce qui leur appartient de droit et de fait. Il semblerait normal et souhaitable que tout transsexuel puisse, dès qu'il le désire, savoir si sa conviction d'avoir à changer de sexe correspond à la définition même du transsexualisme. Il pourrait, par exemple, se rendre dans un centre d'accueil spécialisé dépendant du ministère de la Justice (un seul suffirait pour la France) où il serait reçu comme un être en détresse, comme les femmes battues ou violées, et non pas comme un détraqué sexuel délirant. Un être qui souffre d'un mal incompris par la société tend souvent à réagir par la défensive, d'où la nécessité d'arriver devant

une porte ouverte à ses problèmes et non devant un refus de se mettre à sa portée comme me l'a si aimablement fait remarquer un éminent psychiatre de Londres en me disant : « Vous voulez être une femme, mais vous ne serez jamais une femme. »

Un protocole bien établi, sur un plan international, doit pouvoir permettre de déterminer sans erreur possible (aussi infailliblement que cela est établi pour les intersexualités) le diagnostic d'erreur d'attribution de sexe par suite d'anomalies survenues à la période périnatale. Une fois le sexe réel reconnu, le sujet est orienté vers un traitement puis vers une intervention chirurgicale qui précédera et autorisera le changement d'état civil par le tribunal. La promulgation d'une loi devrait se faire sans difficulté et la société apprécierait la diminution d'un certain nombre d'inadaptés sociaux qui n'ont commis que le délit de vouloir être normaux.

La jurisprudence affirme qu'un individu doit obligatoirement être rattaché à l'un ou l'autre sexe. Le transsexuel, à la suite d'un statut bâtard, se verrait attribuer un sexe ambigu, ce « qui reviendrai à créer un troisième sexe nécessairement discriminatoire ». Ce qui paraît totalement absurde ; « on ne peut éviter, juridiquement, que l'homme opéré devienne une femme ». La date d'effet du changement de sexe est encore imprécise pour la justice. Est-ce celle de la décision ou celle de l'opération ? S'il s'agit d'une intersexualité psychique, doit-il prendre effet à la naissance comme les intersexualités physiques ?

L'absence de définition de la transsexualité est la cause de cette imprécision. Or il semble que la preuve de son origine périnatale puisse être établie. Il paraît donc logique que la rectification prenne effet à la naissance. Compte tenu que la continuité de la personne doit être plus logiquement attribuée au cerveau et non aux organes sexuels, en tant qu'aspérité morphologique indispensable à la fonction de reproduction, le principe de l'état d'indisponibilité de l'état (cérébral) des personnes est sauvegardé. C'est justement parce que je n'ai pu disposer de mon cerveau que je n'ai pu, malgré d'infructueuses tentatives, me réaliser en tant qu'homme.

Les multiples problèmes juridiques créés par la reconnaissance du transsexualisme en ce qui concerne la famille, le mariage, les causes de divorce, etc., seront plus facilement résolus une fois que l'unanimité sera faite autour de l'irresponsabilité de celui qui subit une évolution transsexuelle.

Si un transsexuel est marié, la persistance de l'union conjugale, après l'opération, peut être un prélude à légaliser le mariage entre homosexuels. Mais le divorce ne peut être imposé à un couple dont l'un s'est fait opérer.

Le transsexuel opéré peut-il se marier ? ou doit-il être voué au célibat comme cela paraît être mentionné dans les lois suédoises et allemandes pour lesquelles le changement d'état civil ne concerne que les papiers d'identité et s'oppose au mariage ?

Les problèmes des enfants que le transsexuel a eu avant l'opération ne préoccupent pas spécialement la justice du fait que les rapports parents-enfants sont « régis par le principe de non-rétroactivité du changement d'état. Le transsexuel homme devenu femme reste donc le père, et c'est l'inverse pour la mère. De sorte qu'on ne sera pas surpris de voir, un jour, une femme assignée en recherche de paternité... ».

Ainsi la Justice semble vouloir faire d'importantes concessions dans le but de mettre fin à la souffrance réelle du sujet transsexuel. Elle reconnaît que le phénomène transsexualiste est minoritaire et constitue, cependant, un malaise créé par une société dont la culture et l'objectivité paraissent parmi les plus évoluées. C'est pourquoi son devoir est d'intervenir et de faire appel à tous ceux dont la responsabilité professionnelle est engagée.

> Ainsi, l'Allemagne, la Suède et l'Italie ont voté une loi autorisant le changement d'état civil. Il semblerait que les deux premières imposent le célibat, comme pour les moines. Ce qui revient à créer une société qui comprendrait trois sexes : féminin, masculin et administratif. En quoi un pays peut-il tirer un bénéfice d'une telle discrimination ? Pourquoi accorder l'étiquette et interdire la fonction ? Alors le transsexuel, avant et après l'opération, resterait dans la catégorie des individus marginaux. Quel danger le mariage représente-t-il pour eux ? Si un homme est reconnu femme par suite d'une absence d'évolution

hormonale, ce dont il n'est pas responsable, peut-on lui refuser d'être une femme comme les autres, alors qu'il n'a, déjà, jamais pu être un homme comme les autres ? La ségrégation des transsexualisés n'a pas plus sa raison d'être que celle des races. Le législateur français comprendra certainement que dans notre pays, ardent défenseur de toutes les libertés, le transsexuel a droit de recouvrer sa véritable identité sans ombre ni rature. Sa vie ne peut être perpétuellement : combat, souffrances et privations. Il a aussi le droit de vivre libre, d'aimer et d'être aimé.

POSTFACE JURIDIQUE

par Maître Simone Robin,
Avocat honoraire à la Cour de Paris

En 1981, les savants étonnés ont constaté des torsades dans les anneaux de Saturne.

De même, il y a quelques années, j'ai vu devant moi une femme dont on m'avait dit : « C'est un homme » et qui m'assurait : « Je suis une femme. » Je découvrais la transsexualité dans l'incompréhension générale. Le grand public confond : intersexuel, homosexuel, travesti et transsexuel.

Intéressée, je me mis à l'étude et je découvris les recherches entreprises par des savants dans le monde entier. En France, les magistrats, encore mal informés, ne se résignaient pas à rectifier le sexe assigné par l'état civil aux transsexuels, suivant le principe de l'indisponibilité de l'état.

Récemment la justice a reçu de la médecine les garanties scientifiques qu'elle réclamait. Le sexe, notion non définie, est primordialement psychique. Pour déterminer et affirmer ce sexe, le problème est double. Il faut demander à des praticiens un diagnostic et, dans les cas positifs, autoriser les interventions chirurgicales.

Il est alors possible à la justice de se prononcer sur le changement d'état civil des personnes médicalement définies comme transsexuelles.

Après une évolution difficile, la jurisprudence française, vers 1981, s'est formellement engagée et il est permis d'espérer une prochaine mise en harmonie du droit européen.

Les transsexuels pourront-ils se marier ou se remarier ? Adultes, ils pourront puiser des solutions dans l'arsenal des sentiments et des lois.

Quid des enfants ? Les enfants aiment qui les aiment et, comme la fleur vers le soleil, indifférents au sexe, ils se tourneront vers qui leur donnera l'amour.

Se portant au secours de la cause de tous les transsexuels, le docteur Sylviane Dullak illustre l'action de la médecine et de la justice par sa volonté et son courage.

Simone ROBIN.

Maître Simone Robin s'est illustrée à plusieurs occasions dans la défense des transsexuels dont elle a soutenu la cause avec courage et dévouement. Je tiens à saluer, ici, son profond respect de la personne humaine. (S.D.)

BIBLIOGRAPHIE CRITIQUE

Les mécanismes hormonaux susceptibles de faire comprendre l'origine de la « transsexualité » ainsi que ses manifestations ont été mis en évidence en regroupant un certain nombre de découvertes résultant des travaux de plusieurs centres de recherches en hormonologie.

R. de Hertogh
— *Unité d'endocrinologie et nutrition, Université catholique de Louvain, U.C.L.* 54.29, 1200 *Bruxelles, Belgique.*

« Les androgènes maternels d'origine surrénalienne sont transformés en estrogènes au niveau du placenta par aromatisation dès la septième ou huitième semaine de la grossesse. La participation placentaire devient prépondérante et la concentration d'estrogènes dans le sang fœtal s'accroît pendant toute la suite de la gestation. Les androgènes surrénaux, d'origine fœtale, sont tous présents, à une exception près, à la fin du premier trimestre de la grossesse. Ils sont hydroxylés au niveau du foie fœtal, puis aromatisés en estrogènes au niveau du placenta. Ils sont à l'origine de la fraction la plus importante des estrogènes circulants. »

E.-E. Baulieu
— *Unité de recherche sur le métabolisme moléculaire et la physiopathologie des stéroïdes de l'Institut national de la santé et de la recherche médicale, faculté de médecine de Paris-Sud, laboratoire des hormones,* 78, *rue du Général-Leclerc,* 94270 *Le Kremlin-Bicêtre.*

« La fonction primordiale des estrogènes est de reconnaître leur récepteur. Dans le plasma humain, la *Sex steroid binding proteine,* spécifique, lile les hormones stéroïdes sexuelles, et en particulier l'estradiol, avec une affinité de liaison élevée. Ces protéines de régulation et les récepteurs des estrogènes offrent quelques-uns des modèles les plus avancés pour l'approche rationnelle, à la fois physico-chimique et physiologique, de la machinerie cellulaire. Ils permettront des progrès importants sur le plan des mécanismes fondamentaux de l'expression génétique et de la médecine clinique. »

J.-P. Raynaud et M. Moguilewsky
— *Centre de recherche Roussel-Uclaf,* 93230 *Romainville.*

« Chez le rat, la différenciation sexuelle du cerveau s'établit pendant les premiers jours de la période néo-natale. Sous l'influence de la testostérone, le système nerveux central acquiert son caractère mâle. Chez la femelle, en l'absence de sécrétion testiculaire et, peut-être en présence de progestérone, le cerveau garde son caractère femelle. Les estrogènes administrés au cours des dix premiers jours de la vie, tant à des mâles qu'à des femelles, provoquent des perturbations considérables de leur comportement sexuel à l'âge adulte. Seuls, les androgènes aromatisables seraient capables de produire une masculinisation. L'administration d'estrogènes au cours des premiers jours de la vie postnatale entraîne une déféminisation responsable d'une diminution de la réceptivité sexuelle à l'âge adulte. Un des rôles des protéines de régulation serait de protéger le cerveau contre la stérilisation par les estrogènes maternels en les retenant dans le compartiment sanguin. Les estrogènes ont la propriété d'induire leur propre récepteur, puis, une fois liés, d'induire le récepteur de la progestérone. L'ontogenèse des récepteurs des estrogènes est similaire chez le mâle et la femelle. Dès la naissance, les estrogènes sont captés activement par l'hypophyse et plus faiblement par l'hypothalamus et le cortex. La présence de récepteurs des estrogènes dans les tissus centraux est, ainsi, mise en évidence dès le plus jeune âge. »

M.-G. Forest et J. Bertrand
— *Unité de recherche endocrinienne et métabolique chez l'enfant, INSERM U* 34, *hôpital Debrousse,* 29, *rue Sœur-Bouvier,* 69322 *Lyon Cedex* 1.

« Au cours de la période périnatale humaine, à la naissance comme en fin de grossesse, la production des estrogènes résulte d'une coordination entre l'axe hypophyso-surrénalien fœtal et le placenta. Les fortes concentrations en hormones physiologiquement actives dans le cordon ombilical n'ont qu'un faible retentissement sur le fœtus. Les dosages hormonaux effectués chez le nourrisson permettent d'apprécier l'existence d'une éventuelle différence selon le sexe à partir de la naissance. Durant les deux premiers mois de la vie, les concentrations sanguines de la 17-hydroxyprogestérone sont plus importantes chez le garçon. A l'âge de 30 à 40 jours, la différence entre les deux sexes est significative : 201 $\pm$ 79 ng/100 ml chez le garçon et 103 $\pm$ 49 ng/100 ml chez la fille. Entre 3 et 12 mois, on assiste à une diminution progressive des concentrations chez le garçon jusqu'à 7 mois, alors que les moyennes restent plus élevées chez la fille pendant toute la première année, ce qui traduit une activité endocrine ovarienne. Les études comparatives, selon le sexe, de l'évolution avec l'âge des concentrations plasmatiques, mettent en évidence une sécrétion testiculaire importante (testostérone, 17-OHP et Δ^4-androstènedione), maximale vers 1 mois et ne durant, en moyene, que les six premiers mois de vie, et une sécrétion ovarienne (estradiol et 17-OHP) plus discrète mais se prolongeant jusqu'à la fin de la première année de vie. »

F. Dieterlen-Lièvre
— *Institut d'embryologie du C.N.R.S. et du Collège de France,* 94130 *Nogent-sur-Marne.*

« Le fonctionnement cyclique femelle représente le type neutre qui se fixe définitivement en l'absence d'hormones sexuelles. Les sécrétions testiculaires font apparaître le fonctionnement tonique mâle en agissant non sur l'hypophyse, mais sur l'hypothalamus, et déterminant ce que Harris et Jacobsohn (1952) ont appelé la “ différenciation sexuelle du cerveau ”. Les travaux des dix dernières années ont montré que l'agent causal de la masculinisation du système nerveux central est, en fait, de nature estrogénique plutôt qu'androgénique. Chez l'être humain, Naftolin Ryan, Davies et Siu (1971 et 1975) ont réussi à mettre en évidence la présence de récepteurs d'estradiol dans l'hypophyse et le cerveau des fœtus des deux sexes à la mi-gestation. Chez les fœtus humains, le taux des hormones hypophysaires (FSH et LH) est plus élevé dans le sexe féminin que dans le sexe masculin. »

E.-E. Baulieu : « Un défaut génétique de récepteurs des hormones mâles est observé dans plusieurs espèces, y compris l'homme, et consiste en une insensibilité totale aux androgènes ce qui, survenant chez le mâle, prend la symptomatologie de “ testicule féminisant ”. L'affection apparaît liée génétiquement à une anomalie du chromosome X. La sécrétion de testostérone est pratiquement normale, et les récepteurs des androgènes sont absents des organes cibles alors que ceux des autres stéroïdes, cortico-surrénaliens et estrogènes en particulier, sont normaux. » (*Hormones*, éd. Hermann, 1978.)

« Le foie, organe important du métabolisme hormonal, peut entraîner indirectement des anomalies endocriniennes en inactivant trop peu les hormones ou en produisant trop de protéines plasmatiques. » (*Id.*)

« Le défaut (génétique) sévère, sinon absolu, de protéines de transport des hormones est très rare, et aucun syndrome bien individualisé n'a été décrit avec certitude. » (*Id.*)

F. Labrie : « Les estrogènes semblent avoir exclusivement un effet de stimulation sur la sécrétion de LH hypophysaire, alors que les fortes doses ont un effet inhibiteur sur la sécrétion de LH-Rh au niveau de l'hypothalamus et un effet stimulateur à faibles doses (physiologiques). Les androgènes circulants d'origine testiculaire ont un effet inhibiteur sur la sécrétion de LH hypophysaire et sur celle de LH-Rh hypothalamique. » (*Hormones*, éd. Hermann, 1978.)

E. Milgrom : « Chez l'enfant de sexe masculin une élévation de la testostéronémie a été observée au cours du premier mois de la vie. On ne sait pas encore si le rôle de ce changement hormonal est identique à celui décrit chez le rat. Il est donc possible qu'une anomalie du fonctionnement testiculaire transitoire chez le nouveau-né soit à l'origine d'un trouble de la différenciation du système nerveux et d'anomalies sexuelles définitives dont l'expression n'apparaîtrait qu'à la puberté. »

« Au niveau de l'hypothalamus, la testostérone est, en partie, aromatisée en estrogènes. Pour certains, c'est l'estradiol ou un de ses dérivés qui serait l'intermédiaire actif de certains effets de la testostérone dans les structures neurales. Aucune démonstration irréfutable n'a cependant encore été apportée prouvant ce mécanisme. »

« Sous l'influence des estrogènes, la concentration du récepteur (de progestérone) augmente. Après administration de progestérone, on observe une chute de la concentration du récepteur. La progestérone exerce un effet d'autolimitation de sa propre action. » (*Hormones*, éd. Hermann, 1978.)

H.-P. Klotz : « Un professeur de Lyon, Bertrand, a montré une chose très curieuse : que le petit garçon a, de la naissance jusqu'à l'âge de 5 mois, un taux de testostérone plasmatique qui est de 50 % celui du chiffre de l'adulte. Et puis, tout d'un coup, à cinq mois, ça tombe et la testostérone réapparaît à la puberté. Ces cinq mois de testostérone, à quoi ça sert ? Ça sert peut-être à imprégner le cerveau ou l'hypothalamus en vue du comportement. C'est assez rare que la nature fasse des choses pour rien. » (Discussion sur les aspects du transsexualisme avec les membres du Champ freudien, parue dans la revue *Ornicar*, n°s 22-23.)

Notes et observations de l'auteur.

Parmi les différents types de cellules de l'organisme, deux présentent un intérêt particulier en fonction de l'action des hormones sur leur métabolisme. Ce sont les cellules nerveuses et, en particulier, celles qui constituent l'hypophyse, l'hypothalamus et le système limbique ; et, d'autre part, les cellules de diverses glandes dites hormonodépendantes, telles que la glande mammaire ou l'ovaire, ainsi que celles de certains tissus comme l'utérus. Toutes détiennent une affinité importante pour les hormones sexuelles, mais les premières ne se multiplient pas, contrairement aux secondes. D'après les découvertes récentes sur les manifestations hormonales intracellulaires, il semblerait que les estrogènes, par une suite de réactions biochimiques fondamentales, assureraient l'existence même de chacune de ces cellules. Dès l'instant où l'hormone pénètre dans la cellule, elle va déclencher une succession rigoureuse d'événements indispensables à sa fonction, essentiellement secrétoire pour la cellule nerveuse (neurotransmetteur) et pour la glande mammaire, ou d'élaboration pour l'utérus (formation de la muqueuse permettant la nidation de l'ovule fécondé).

L'estradiol, principal estrogène, constituerait l'hormone fondamentale, c'est-à-dire la molécule active de la cellule nerveuse, aussi bien chez l'homme que chez la femme. Schématiquement, l'activité hormonale intracellulaire se déroulerait de la façon suivante : la molécule d'estrogène, parvenue dans le cytoplasme de la cellule, induit son récepteur ; elle se lie à lui en formant un couple (estrogène-récepteur) qui, seul, détient le pouvoir de pénétrer dans le noyau de la cellule. Au sein du noyau, le couple estrogène-récepteur interviendrait au niveau de la transcription génétique ainsi que dans la synthèse de trois substances différentes de nature protéique : une protéine spécifique du type cellulaire assurant la neurotransmission, une protéine non spécifique assurant la nutrition de la cellule, et une protéine constituant le récepteur de progestérone.

La progestérone présente dans le noyau est alors captée, permettant au complexe ainsi formé de se dégrader. Les résidus de cette dégradation sont expulsés de la cellule, passent dans le sang et sont éliminés par le foie.

Pour que cette suite de réactions s'effectue normalement, il est indispensable que tous les éléments nécessaires soient présents à un moment précis. Parmi ceux-ci, deux seraient susceptibles d'être absents au rendez-vous fixé, entraînant automatiquement un blocage du fonctionnement. En l'absence de progestérone, le couple estrogène-récepteur ne peut se dégrader et stagne inutilement dans le noyau. Une insuffisance ou un manque d'un type de protéines alimentaires freine ou empêche la synthèse des diverses protéines nucléaires et provoque la détérioration, voire la mort de la cellule nerveuse. La céphalée frontale du syndrome prémenstruel, survenant vers 3 heures du matin ou au réveil, traduit une souffrance de la cellule par insuffisance d'apport d'estrogènes entraînant une réduction de son métabolisme. Elle survient également si progestérone ou protéines alimentaires viennent à manquer. Enfin, certains médicaments (benzodiazépines et sulpiride), en diminuant la perméabilité des membranes cellulaires, la provoqueraient ou l'aggraveraient chez un sujet présentant un déficit estrogénique.

Pendant la période fœtale, le système nerveux des garçons comme celui des filles est alimenté par les estrogènes maternels dont la plus grande partie est d'origine placentaire.

J.-P. Raynaud : « La captation des estrogènes s'effectue aussi rapidement au niveau de l'utérus que dans l'hypophyse. »

A la naissance, une fois le cordon ombilical coupé, le système nerveux n'a aucune raison de modifier le fonctionnement de ses cellules. Le nouveau-né, garçon ou fille, devra impérativement assurer une production d'estrogènes pour pallier la fonction placentaire exclue. M.-G. Forest et J. Bertrand ont démontré qu'à partir de la naissance, la fille développait une activité ovarienne relativement faible pendant dix-huit mois environ, et le garçon une activité testiculaire très importante durant ses six premiers mois. Après quoi, les gonades entrent en totale léthargie jusqu'au début de la puberté sexuelle, vers douze ans.

Or le développement du cerveau du nouveau-né puis de l'enfant réclame une quantité importante d'estrogènes qu'aucune glande n'est capable de produire. Même pendant ses dix-huit premiers mois, les ovaires de la fille n'en secrètent pas suffisamment. Jusqu'à douze ans, seules les glandes surrénales fonctionnent normalement, mais les hormones sexuelles formées sont principalement des androgènes, ou hormones mâles, n'ayant aucune raison d'être actives au niveau du cerveau. La fonction placentaire essentielle consistait à fabriquer des estrogènes à partir des hormones mâles sécrétées par les glandes surrénales du fœtus et de la mère. Ce processus de transformation des androgènes en estrogènes a reçu le nom d'aromatisation, réaction chimique relativement complexe, nécessitant la présence d'enzymes spécifiques appelés enzymes d'aromatisation.

La réaction d'aromatisation n'est pas uniquement placentaire. Elle s'effectue également au niveau des reins, du foie, peut-être dans le tissu adipeux, et pas nécessairement avec la même enzyme. Or le cerveau possède également une « usine d'aromatisation » située dans l'hypothalamus qui fabrique des estrogènes à partir des androgènes surrénaliens véhiculés par le sang. L'hormone produite serait utilisée *in situ,* ce qui ne permettrait pas de la doser dans le plasma sanguin.

Ce serait donc l'hypothalamus qui prendrait la succession du placenta après la naissance. Chez le garçon et l'homme, sa fonction d'aromatisation sera essentielle toute la vie. Chez l'adolescente et la femme, la fonction ovarienne effective dès la puberté apportera au cerveau l'estradiol, estrogène actif, directement utilisable par la cellule nerveuse, sans subir une quelconque transformation.

Les glandes surrénales fabriquent également de la progestérone, dont la majeure partie est utilisée comme précurseur d'autres hormones au sein de la glande. Mais la quantité nécessaire au bon fonctionnement de la cellule nerveuse s'avère relativement peu importante, et, dans le cadre d'un épanouissement hormonal normal, il y en aurait toujours suffisamment pour que le métabolisme cellulaire ne s'altère pas.

L'expérience a montré qu'en administrant à un individu une grande quantité de progestérone sans avoir préalablement assuré une bonne fixation d'estrogènes, on « vide » complètement les cellules nerveuses de leur substance énergétique, ce qui provoquerait leur dégénérescence à plus ou moins brève échéance. Or, le nouveau-né garçon, pendant la durée de son activité testiculaire des six premiers mois, présente une concentration sanguine de 17-Hydroxyprogestérone double de celle de la fille. Il n'est pas impossible qu'elle provoque une « épuration » presque complète de tous ses estrogènes maternels susceptibles d'inhiber l'action de ses premières hormones mâles. Chez la fille, au contraire, une imprégnation estrogénique, à l'aide de son activité ovarienne temporaire, prolongera celle instituée par sa mère, ce qui évitera une virilisation trop importante sous l'influence de ses hormones mâles d'origine surrénalienne.

Chez la femme, au cours de son cycle menstruel, une concentration maximale d'estrogènes vers le 13e jour provoque une réaction hypophysaire importante (production de LH) qui va déclencher la production ovarienne de progestérone et diminuer l'imprégnation estrogénique des cellules. Réciproquement, les premiers jours du cycle, le taux sanguin d'estrogènes est insuffisant. L'hypophyse va réagir en stimulant (par la FSH) la sécrétion des estrogènes ovariens. Cette action cyclique de l'hypophyse de la femme caractérise le cerveau féminin à partir de la puberté.

Dès la naissance du nouveau-né, la section du cordon entraîne une chute brutale des estrogènes maternels en circulation. L'hypophyse va réagir à l'insuffisance estrogénique en stimulant l'activité des gonades (par la FSH). D'où l'entrée en activité des ovaires ou des testicules dans les jours qui suivent la rupture du lien maternel. Le faible fonctionnement ovarien de la fille sera insuffisant pour provoquer un cycle menstruel. Les androgènes testiculaires, très importants, du garçon entraîneront la formation de multiples enzymes nécessaires à une ébauche de virilisation, dont les enzymes d'aromatisation qui permettront à son hypothalamus de fabriquer rapidement des estrogènes indispensables à son cerveau.

Au cours des dix premiers jours qui suivent la naissance, garçons et filles vont présenter une mini-phase lutéale (3e et 4e semaine du cycle menstruel). La fille verra, dans de rares cas, une petite hémorragie utérine, que le garçon ne pourra avoir en l'absence d'utérus. Par contre, dans les deux sexes et en proportion égale, apparaîtra une hypertrophie mammaire souvent douloureuse, qui se retrouve également chez certaines femmes en fin de cycle lors d'un déséquilibre hormonal.

> *M.-G. Forest* et *J. Bertrand :* « L'hypertrophie mammaire est retrouvée chez le nouveau-né à terme, avec la même fréquence (32 %) quel que soit le sexe. Elle survient au 5e jour. Cette crise génitale est liée à la chute des estrogènes et à la présence de prolactine. Elle se poursuit plusieurs semaines. » « Chez la petite fille, les hémorragies utérines sont relativement peu fréquentes (3 à 4 %), elles débutent entre le 4e et le 7e jour et durent, en moyenne deux à trois jours. »

Ainsi, sur le plan cérébral, parmi l'ensemble des nouveau-nés des deux sexes, un peu moins de 50 % d'entre eux terminent, au cours de leurs deux premières semaines, leur existence de fille avant de devenir des garçons.

La coordination de l'ensemble des processus hormonaux est merveilleusement programmée. Mais une simple anomalie, l'absence ou l'insuffisance d'une substance indispensable à une réaction biochimique quelconque, peut bloquer tout un secteur d'évolution. Ainsi, un garçon peut rester cérébralement fille toute sa vie. Autrement dit, il peut manquer l'aiguillage qui lui permettrait de s'orienter vers une masculinisation définitive. Son système nerveux, féminin à sa naissance, le restera, malgré un fonctionnement testiculaire et surrénalien normal et l'apparition à la puberté des caractères sexuels secondaires masculins normaux.

Dans quelles conditions le cerveau du garçon est-il susceptible de ne pas se masculiniser ? Une première hypothèse invoque une anomalie du mécanisme de régulation des estrogènes maternels. La présence dans le sang de protéines spécifiques liant l'hormone éviterait sa pénétration massive dans les cellules nerveuses, qui entraînerait une saturation du noyau, provoquant un blocage de la physiologie hormonale cellulaire. J.-P. Raynaud a démontré expérimentalement qu'un tel processus détermine une « stérilisation » irréversible du cerveau. Une seconde hypothèse laisserait supposer qu'une réduction conséquente de l'activité testiculaire des six premiers mois ne permettrait ni l'induction en suffisance des enzymes nécessaires à l'élaboration de la masculinisation, ni l'apport d'hydroxyprogestérone indispensable à la « désestrogénisation » des cellules. Une troisième hypothèse, la plus plausible, envisagerait l'absence de l'enzyme d'aromatisation hypothalamique, rendant impossible la transformation des androgènes inactifs en estrogènes actifs au niveau des cellules nerveuses de l'hypothalamus, provoquant un arrêt de sa maturation donc une non-évolution de l'affectivité qui stagnera tant que l'estradiol, principal estrogène, ne lui parviendra pas par voie sanguine, à la puberté chez la fille ou par apport thérapeutique chez le garçon. Toutefois, les testicules produisent des estrogènes en quantité infime dès leur entrée en activité. On ne pourra donc pas parler, après douze ans, d'un blocage complet, mais d'une évolution extrêmement ralentie par insuffisance d'apport d'hormone active.

Seules les première et troisième hypothèses doivent être retenues, parce que communes aux deux sexes. La discordance cérébro-génitale appelée à tort « transsexualisme » ne peut être qu'identique pour le garçon et pour la fille présentant ce syndrome. Un déficit enzymatique ou une insuffisance de protéines liantes devraient pouvoir être mesurés. Toutefois, le premier est génétiquement permanent et dosable à n'importe quel âge, alors que la seconde peut n'être que momentanée. Quoi qu'il en soit, l'origine du phénomène remonte aux premiers jours qui suivent la naissance.

⁂

A la ménopause, la femme voit sa fonction ovarienne s'épuiser plus ou moins complètement. Celle qui a subi une hystérectomie totale ne peut plus compter que sur ses hormones mâles surrénaliennes susceptibles d'être aromatisées en estrogènes à divers niveaux, pour entretenir ses fonctions cérébrales. Un transsexuel homme devenu femme n'aurait, en principe, aucune possibilité de produire des estrogènes, d'où la nécessité vitale d'un apport thérapeutique permanent d'estradiol. Par contre, il devrait être dangereux d'ovariectomiser une transsexuelle femme devenue homme, car l'apport d'hormones mâles exogènes ne parviendrait jamais au cerveau sous forme d'estradiol ; d'où la menace d'une dégénérescence cérébrale rapide.

Un apport de progestérone deviendra tout aussi indispensable chez la femme ménopausée naturellement ou chirurgicalement que chez le transsexuel opéré. Une saturation nucléaire en estrogènes de la cellule nerveuse provoquerait, dans un premier temps, des phénomènes d'irritation. A un degré supérieur et dans l'incapacité de se multiplier, elle accuserait, à plus ou moins long terme, une dégénérescence nucléaire précédant la mort de la cellule. Au niveau des tissus glandulaires hormono-dépendants, tels que ceux du sein, le noyau de la cellule saturé en estrogènes aurait la faculté de se diviser pour réduire l'irritation engendrée par l'intoxication hormonale. Sans inversion du processus, le même mécanisme pathologique se poursuivrait dans les cellules-filles. Cette prolifération n'aurait, alors, aucune raison de s'interrompre et pourrait même s'auto-entretenir.

Pour prévenir la dégénérescence ou la prolifération cellulaire incontrôlable, il conviendrait d'administrer de la progestérone d'une façon plus régulière que cyclique. Contrairement, à la préménopause, une adjonction cyclique de cette hormone palliera à son insuffisance temporaire et évitera : céphalées, troubles digestifs, vertiges, algies vertébrales, obésité, lourdeur des membres inférieurs, etc. A partir de la ménopause, ces troubles ne peuvent que s'accentuer et pourront provoquer, au cours de paroxysmes : des lésions vasculaires importantes, des hémorragies méningées, des tumeurs vasculaires, des pseudo-paralysies par contractures permanentes, ainsi que des syndromes dégénératifs rapides du système nerveux.

S. Saez et *M. Mayer* (Centre de lutte contre le cancer Léon-Bérard, Lyon) : « Les estrogènes, à eux seuls, n'induisent pas le cancer mammaire. Ils ne sont donc pas carcinogènes proprement dits ; mais ils sont capables de moduler la croissance tumorale en présence des structures nécessaires à leur action, présentes dans le tissu normal, persistantes dans l'adéno-carcinome. » « L'incidence et la croissance tumorales sont réduites par l'administration de progestérone. » « D'autres organes présentent, dans l'espèce humaine, une incidence tumorale qui paraît liée à l'action des estrogènes : l'utérus, le rein et la vessie. »

P.-M. Martin (Laboratoire central de biologie C.R.A.C.M., Institut Paoli-Calmettes, Marseille) et *G. Fontaine* et *J.-L. Codaccioni* (Service d'endocrinologie, hôpital de la Conception, Marseille) : « Les estrogènes peuvent avoir un effet tératogène sur lequel se développe une cancérisation secondaire. » « Les estrones permettraient l'incorporation (dans un tissu) des agents dysplagènes ou carcinogènes et la progestérone les inhiberait. »

Ainsi, l'origine du cancer serait plus fonction du manque de progestérone que d'un excès d'estrogènes, et son traitement devrait être plus préventif que curatif.

Si, au début de la ménopause, seule la progestérone indispensable est absente, la quantité d'estrogènes produite peut, plus tardivement, devenir insuffisante et ne plus assurer le rythme physiologique des réactions biochimiques intracellulaires. Alors apparaîtrait un tremblement sénile traduisant une dégénérescence des cellules nerveuses par carence et non par saturation. Pour prévenir ce phénomène, il conviendrait d'établir un traitement comportant une faible dose d'estrogènes, insuffisante pour rétablir les règles, mais suffisante pour assurer le maintien de la vitalité du système nerveux central.

Ces types de traitements s'opposeraient tant au vieillissement de l'individu qu'à la pathologie des maladies survenant après quarante ou cinquante ans. L'homme est tout aussi concerné que la femme par les « maladies des estrogènes ». En effet, l'homme de soixante-cinq ans produit deux fois plus d'estrogènes que la femme du même âge.

⁂

Mon désir inflexible de comprendre ce qui se passait en moi depuis que j'ai pris conscience de mon incapacité d'être un homme, s'est, depuis que je suis femme, métamorphosé en celui de comprendre les divers processus hormonaux susceptibles de détruire les êtres humains. Mon désir de vivre s'est commué en désir de faire vivre. Si je parviens à faire un pas dans cette direction, ma vie n'aura pas été totalement inutile. D'autres, plus compétents et plus qualifiés que moi, doivent poursuivre inlassablement leurs recherches avec la certitude que leurs pas réunis les rapprochent d'un but commun qui ne doit plus être très éloigné.

Je tiens à rendre hommage à tous ceux qui luttent pour atténuer la souffrance des êtres. Sans doute sont-ils imprégnés de cette pensée de Goethe : « Ce n'est pas assez de faire des pas qui doivent un jour conduire au but, chaque pas doit être un but en même temps qu'il nous porte en avant. »

Les aspects psychologiques et le type d'expression sexuelle présent ou absent dans chaque individu ont été remarquablement décrits dans les ouvrages de R. J. Stoller, professeur de psychiatrie à Los Angeles, psychanalyste membre de l'Association américaine de psychanalyse et de l'Association psychanalytique internationale. Il a fondé un Institut de recherche sur les problèmes posés par l'identité de genre, le « Gender Identity Research Clinic », à l'université de Californie (UCLA).

— « A further contribution to the study of gender identity », *Int. J. Psycho-anal.*, 49, 1968 ;
— *Sex and gender,* 1968, traduit en français ; *Recherches sur l'identité du genre,* Gallimard, 1978 ;
— *Splitting : a case of female masculinity,* London, Hogarth Press, 1973 ;
— *The transsexual experiment,* London, Hogarth Press, 1975 ;
— *la Perversion : forme érotique de la haine,* traduction française, Payot, 1977. Edité à New York en 1975 ;
— « L'excitation sexuelle et ses secrets », *Nouvelle Revue de psychanalyse,* n° 14, 1976

constituent ses principaux écrits en rapport avec ce livre. Agnès Faure-Oppenheimer dans *le Choix du sexe* (P.U.F., 1980) reprend avec nuances et compréhension les observations de Stoller sur le transsexualisme et en donne une interprétation essentiellement psychanalytique.

TABLE DES MATIÈRES

De Tirésias à Sylviane 9

Première partie

La contrainte par corps 15
Qui suis-je ? 51
Détruire l'homme en moi 75

Deuxième partie

Construire un être possible 89
La naissance d'une femme 131
Etre soi-même 162

Troisième partie

Pour en savoir plus 175

Postface juridique par Me Simone Robin 197

Bibliographie critique 199

Bibliographie générale 213

Achevé d'imprimer
le 20.9.84
par Printer Industria
Gráfica S.A.
Provenza, 388 08025-Barcelona
Sant Vicenç dels Horts 1984
Depósito Legal B. 25157-1984
Pour le compte de
France Loisirs
123, Boulevard de Grenelle
Paris

Numéro d'éditeur : 9688
Dépôt légal : octobre 1984
Imprimé en Espagne